里親・養親が子どもに話すために

真実告知
ハンドブック
改訂版

公益社団法人
家庭養護促進協会

はじめに

「真実告知ハンドブック〜里親・養親が子どもに話すために」は多くのみなさまに読み継がれてきましたが在庫がなくなり、「新たに出版してほしい」との声が以前から寄せられていました。

この 15 年あまり、厚生労働省から家庭養育優先の方針が示され、この方針に沿って里親や養子縁組の制度や児童福祉法の改正が行われ、またさまざまな啓発も各地で実施されるなど、里親・養子縁組に対する関心も広がってきました。真実告知はどの養親にとっても大切なテーマですが、子どもが自分に関する事柄について知る権利や意見を述べる権利が大切に考えられるようになってきました。こうした子どもの権利や生き方を尊重した視点からも真実告知は「子どもに話すか、話さないか」から「いつ、どのように話すのか」へと考え方が変わってきているように思えます。

今回改訂版を出版するにあたって、これからの告知のあり方についてこれまでと考え方など変わってきていると感じる部分については、書き方を変えたところもあります。

もう一つは、アメリカの告知に関する書籍の内容の抄訳を加えました。

養子縁組の多いアメリカでもこういう本が出版され、読まれているということは、養子縁組や真実告知についてよく考え、新しい課題に真剣に向き合っている養親やソーシャルワーカーの存在がその背景にあるように感じます。

しかし、日本とアメリカでは親子関係や、宗教、文化的背景、考え方の違いなどがあり、そのことを考慮して告知の参考としてください。

改訂版の出版について、養親の方々、養親のもとで育った人たちがお話しくださった内容をまとめて紹介させていただきました。ご協力いただいたみなさまに改めて感謝を申し上げます。

公益社団法人　家庭養護促進協会

目　次

はじめに

1章　真実告知

2章　こんなとき、こんな場合

3章　里親が語る告知

4章　子どもが語る告知

5章　抄訳 アメリカの告知の本から

真実告知
告知の意味を考える

真実告知について

　自分たちの家族のなりたちを子どもに話していくことは大切なことです。里親や養子縁組親子だけに必要なことではありません。自分たちにとって子どもを育てる意味、その子にどういう思いを持ちながら関わってきたのかも含まれます。

　その中の一つが養子であること、養親であることの真実告知です。

　養親や里親が「生みの親ではなく、育ての親である」ことを告げることから始まる真実告知は、養親や里親にとっては関心の深い、重要なテーマです。英語では "telling"（テリング）という表現が使われています。「告知」は子どもが何歳ぐらいから、どのように話していくのかなど、養親や里親にとっては気がかりなことの一つです。「話したことを子どもはわかってくれるかしら？」「話したことで、関係が水くさくならないかしら」などの心配をもつ養親もいます。また、「告知」のタイミングを逃していないかと、つい不安な思いに駆られる時もあるようです。

　かつては、家のための養子縁組が優先していたせいもあり、養子の場合などは、「できるだけ子どもが大きくなるまで知らせない方がいいんだ」、「自然にわかるまで待つ」、「たとえ知らせるとしても大人になってから」とか、「結婚をする頃がよい」という考え方がありました。一部には今でもそのような考えが残っているかもしれません。養子縁組における真実告知だけでなく、日本では幼い子どもの周辺に起きた出来事でも、大人がつらいと思うことについては子どもに知らせることを先のばしにしたり、子どもが悲しみを感じないように曖昧にしておく傾向があるのではないでしょうか。

　しかし、一方で、養子を育てた多くの養親は「養子であること」を、子どもがあまり大きくならないうちに、お父さん、お母さんの口から告げることが望ましいと考え、早いうちに告知をしてきています。

　養子であることはいつかはわかることであり、隠し続けることは不可能なことでもあります。子どもが小さい時から告知をしている人は、実親子関係のように振る舞うことより、真実に基づいた関係の方が信頼をそこなわず、絆を深めると考えるようです。そして、今では子どもの知る権利の一つと言われています。

　告知の先にある願いは「子どもが生い立ちも含めてありのままの自分を受け入れることができること」です。

　告知をした後も、信頼ある親子関係を築いているケースはいくらでもあります。かつては"家の存続"や"老後の安心のため"におこなわれることの多かった養子縁組ですが、今では小さな子どもの養子縁組は子どもの福祉のためにおこなわれています。従って養子を育てるうえでの養親の要件として「告知をする心構えが必要」ということも含まれると感じています。

　本書では、育ての親が真実告知をする際の手助けになるように、たくさんの事例を紹介します。

　　養子ってことは小学生ぐらいの時には教えてもらっていたから知っていた。養子だからと言って深く考えたことはなかったです。父親が「別に隠すことではない」と言っていたので、普通の家と変わらないと思っていた。他の人はそういう事実を知った場合にショックを受けることもあると思うんですけど、僕の場合は親が隠さなかったので、よかったかもしれない。思春期とか大人になって告げられると、もしかしたら「ええっ！」って動揺していたかもしれない。養子ってこと、普段意識することはほとんどないので、自分自身に自信をもって生きていきたいです。

養子（男・22 歳）

告知のはじまり

　３歳ぐらいから話を始めている養親もいます。その頃から就学前は話を始める第一段階ともいえます。この段階は簡単に「お父さん、お母さんから生まれていないが、自分たちが親で、あなたは大切な子どもである」ことを告げるぐらいです。そのときの子どもの反応は、「ふうん」と言ったものから、「そんなん違う、お母さんのお腹から生まれた」と泣いて反応する場合もありますが、泣いたからといって話したことをくつがえしたりする必要はありません。親子になれた喜びを伝えましょう。この年齢では大人が考えるような理解とは違っています。暖かい雰囲気のもとで聞かされたと、子どもが感じてくれることが大切です。

　次の段階とでもいう小学校２〜４年生ぐらいになると、子どももかなりのことがわかってくるようで、生みの親についての質問も出るかもしれません。血のつながり等にも理解が及ぶようです。生みの親には育てられない事情があったことに触れる必要があるかもしれませんが、この年齢では詳しい事情を告げるということではありません。そして自分たちが心から望んで育てていることを話します。

　告知は子どもが他から聞いてくるまでに親の方から話すこと、また思春期に初めて告知することは避けることが望ましいということから考えると、おのずと告知の時期が決まってきますが、告知は誰かから強要されることではなく、親がチャンスをとらえておこなうことです。一度話をしたらそれでおしまいというものでなく、それ以降、子どもの成長に応じ、また子どもの質問や疑問に応えていくことになります。

　　初めて告知をしたのは、子どもが幼稚園の年長さんの時でした。その頃親子関係も深まったなあと思う時期だったものですから、夫といい時期が来たなって話し合っていました。子どもを前にして、私

たちと正面向き合って座り、「今日はね、とっても大事な話があるの
よ。」と切り出し、「あなたはお母さんのお腹から生まれたんと違うの
よ。でも、私たちがお父さんとお母さんで、あなたのことが大好きよ」
と言ったんです。子どもは「違うもん、お母さんのおなかから生まれ
た」と泣いて抗議したんです。「何か酷なかわいそうな思いをさせた
な」と思ったんですが、その後は案外ケロッと過ぎました。

養母Mさん

　例えば、次に紹介する養母Wさんの場合のように、幼稚園の時の子ど
もの質問をキッカケに告知を始めている場合もあります。

　幼稚園のお友達のお母さんで、第2子の出産を控えてお腹の大きお
母さんと一緒になったとき、「お母ちゃん、あのおばちゃんのお腹大
きいな。もうすぐ生まれるんかなあ。ぼくがおるときもあんなお腹し
とったんか？」と子どもが聞いてきました。私は「そうやで」と言い
たい気持ちなんだけど、1回そういう嘘を言うと、ずっと嘘をついて
いかなければならなくなると思いました。家に迎える前のことも、そ
の子の人生なんだと考え、「実は違うんやで、お母ちゃんはあんたに
とってお母ちゃんで、あんたはお母ちゃんの大事な子やけれど、残念
だけどお腹からは生まれてないんや」と言いました。

養母Wさん

　話し方についても、きちんと座って切り出す人もいれば、大事なこと
という気持ちが強くても「ここに座り」と言って、「実はね」という話し
方でなく、その時どきの自然な話のなかでチャンスをとらえている人も
います。どういう方法にしても、「特別なこと」と感じすぎず、でも「大
切なこと」という気持ちが伝わるように、養親の思いで話し始めること

9

が大切です。

どのように話すか

　告知をするときは、親が自発的にキッカケを作り、親子関係の良い状態で話すことが大切です。「親子関係が深まり、よい状態の時はその関係を楽しんで過ごしたいのに、そんな！」と思われるかもわかりませんが、子どものために必ずそういった状況を確保してやらなければなりません。子どもは自分がどれだけ親にとって必要な存在であるかということを感じることが大切で、それは自分に誇りを持てる基本となるものです。望まれ、認められた自分をしっかり確認できることが子どもにとって大切なことなのです。「告知」といっても、単に自分たちが生みの親ではないということを告げるだけに目的があるのではなく、生命の大切さ、両親や子どもの周辺の人々の愛情、家族のつながり等を共に学んでいくことが必要だと思います。

　多くの養親が私たちに語ってくれたことですが、子どもたちは「なぜ、生みの親が自分を育てられなかったのか」という関心よりも、「自分がこの親に受け入れられているか、必要とされているか」という関心の方が深いように感じたということです。そのずっと先に「なぜ生みの親は自分を手放したのだろうか」ということに関心を持つのでしょう。

　養子縁組家族というのは、親も子も喪失の事実を受け入れ、大なり小なりその悲しみを越え、新たな愛着関係を築いていくことになります。それには、ある養子が語るように「ゆっくりと時間をかけて昇華していくもの」という過程が必要なのです。

　なお、養親子間に問題が生じている場合、告知をすることによって解決が得られるのではないかという期待を抱くことがあるようです。しかし、その解決の手段に告知を使わないようにすることはいうまでもあり

ません。例えば、思春期にみられるような、反抗が続いている場合、「告知をすると、少しは親の気持ちがわかり、おとなしくなるのでは」といった期待のようなものは、養親子の間に水くさい溝をつくるようなものです。

> うちの場合は4歳になったら言おうと決めていました。なぜ4歳と思ったのか、はっきりしないのです。楽しい雰囲気のなかで言ったほうが良いだろうと思っていましたので、協会のお正月の初笑い大会に家族で参加し、楽しんだ後で話しました。「今日、来ていたお友達も同じなんだけど、Kちゃんはお母さんから生まれたのではないんよ、だけど、お父さん、お母さんは私たちなんやで」と。
>
> 養母Mさん

何を話すか

子どもの年齢に応じて話す内容、話し方（言葉）も違ってきますが、小さいときは「生んではいないが、自分たちが親である」ということ、「自分たちにとって、どれだけ大切な子どもであるか」ということを伝えていくことの重要さをこれまで繰り返し述べてきました。

小学校2年生ぐらいから本当の理解が始まりますので、「子どもが生みの親に育てられなかったこと」、そして子どもがいなかった人は、「自分たちには子どもがなく、育てたいと望んでいたこと」を伝えます。親が育てられなかった事情について知ろうとする場合もありますが、子どもの年齢に応じて、子どもが受けとめられる内容を話していくことになるでしょう。

生みの親が自分を育てなかったのは「自分を可愛く思わなかったからで、もしお母さん（養母）であったなら、どんなことがあっても育てた

だろう」と思っている場合もあります。可愛く思っていても、産んで育てられないこともあることを、子どもは学んでいかねばなりません。

　子どもにとっては理解しがたい事実や伝えづらい事柄があったとしたら、どの年齢で話すかはよく考えて、まだ話さなくてもいいという時期もあります。「あなたがもう少し大きくなったら（あるいは大人になったら）理解できると思うのでそのときに話す用意がある」ことを伝えておき、そして事実を受けとめられる年齢まで待つこともできます。養親が「生みの親から無理矢理に引き取ったのではなく、生みの親にも養育できない事情があったのだ」ということ、子どもには親や家庭が必要で、養育に責任を持っているのは自分たち養親であるということを話して、現実を理解することに近づいていくこともできます。

告知の遅れがもたらすもの

　自分が誰から生まれたかという関心や理解、あるいは疑問が出てくる時期になると、子どもからそのような質問が出ることもあるでしょう。このとき、自分から生まれたと見せかけてしまうような嘘をつくと、告知のチャンスが見いだしにくくなります。そして、次々と嘘を重ねることになります。

　人は家族だけで暮らしているわけではありませんので、他人のなにげない会話や、時には噂ばなしなどのなかから、「あそこは本当の親子でない」とか「よそから来た子」というようなことが、子どもの耳に入ることがあります。そしてその言葉の意味がよくわからなくても、そのニュアンスで、肯定的な響きか否定的な響きなのかを子どもに"感じ"させるものがあったりするのです。そういうことを噂ばなしにしない社会が望ましいのですが、それを待っているわけにはいきません。昔の人は「人の口に戸は立てかけられない」と言いましたが、その通りで、そうした

事態の時のためにも、告知についての準備をしておかなければなりません。

　子どもが友達から聞かされてくる場合もあります。小学校5年生の男子は、学校の友達から「もらわれた子ども」と言われました。養子であることを知らなかった彼は「そんなんちがう」と答えて帰ってきました。

　家に帰って親に話すと、それが事実であることを聞かされました。みんなの前で否定したということはとてもショックなことでした。養親は答えられないほどの質問を受け、協会に援助を求めてやってこられました。戸惑ったり、傷ついたりする子どもに、養親は手助けをしなければなりません。

　告知をしていないために、子どもに隠さなければならない書類があったり、触れられたくない話題に接して口をつぐんでしまうという場面に遭遇します。そこに子どもが不自然さを感じたり、何か秘密があるのだと不安を抱くこともあります。

　告知を遅らせていたことで、親としては話したくない時期に話さざるを得なくなることもあります。子どもが進路や人間関係に悩みを抱えているとき、課題に取り組んでいるときや、思春期に親に反抗しているまっただなかに話さざるを得なくなってしまうことは避けたいことです。

　多くの養親、養子と接してきて教えられることは、子どもは大人が考えるより、告知の実際を受けとめ、越えていく力を持っているということです。子どもは、知らされた事実を自分のこととして受け入れ、取り込んでいくからだと思えますが、それには、必ず「あなたの存在が大切なのよ」という関係に支えられたものだということが付け加えられます。悲しみや怒りを整理して生い立ちを理解し、受け入れていくというプロセスがあるのです。

　また、生みの親ではないという告知は受けたけれども、それ以上の情

報は聞くことができなかったというケースにも出会います。そういった場合、親は何も話せないまま、子どもも聞けないまま不安な気持でいると思わせられる場合があります。家庭のなかでそういう話が出せない雰囲気があったり、以前にまともに取り合ってもらえなかった子どもは、親以外の人から情報を得ようとすることもあります。

　家庭養護促進協会のホームページを通じてメールなどで、成人した養子から、誰にも言えなかった苦悩が、送られてくることがあります。

　彼らは、育ててくれた養親があまり快く思っていないこの種のことについて、直接尋ねることはできないという気持ちなのです。知りたいという気持ちを持っている自分は、せっかく育ててもらったのに恩知らずなのかと苛まれていることもあります。

　あなたの育てた子どもが、あなたがいないところで苦しみ、もがいていたらと考えると、それもつらいことではないでしょうか。

　告知をしても、さらに信頼ある親子関係を築いている例はいくらでもありますので、不安な時は、先輩の養親や里親の方々の話を聴かせてもらいましょう。専門家に相談することによって、解決の糸口が見つかる場合もあります。また、告知に関する研修会も開催されています。そういった研修会などに参加し、心の準備をしておかれることをおすすめします。養子や里子であることは子どものすべてではないが、それを自分の一部として受け入れられるよう、整えてやりたいと思います。

　17歳の青年Ｓさんがこう言いました。「僕は養子である自分が好きなんだ。だからお母さん、誰かに僕のことを聞かれたら養子だということを言っていいよ。僕も友達にそのことを話しているよ」と。

　自分の育てている子どもたちに「養子である自分が好きなんだ」と言ってもらえたら、親としては最高の喜びではないでしょうか。

　協会が以前実施した調査や経験から『真実告知の望ましいあり方』は

次のように考えられます。

＊子どもが 10 歳ぐらいまでに、遅くとも小学校を卒業するまでに、

＊養父母自ら、

＊親子関係の良い状況で、

＊何かの問題を解決する手段としてでなく、告知をすることが望ましい。

＊「生んではいないが自分たちが親であること」

＊「子どもをどれだけ大切に思っているか」を、きちんと伝えることが
　大切である。

　告知を受けた子どもは、成長とともに起きる感情の変化、生みの親が
育てなかった「悲しみ」や「怒り」を感じたり、思春期の頃の「養親へ
の反発」、そして「生い立ちの理解」をし、自分の生い立ちを受け入れて
いくことになります。

> Y くんからの手紙より
>
> 　「お母さんにもし子どもがいたら、今頃は 25 歳ぐらいになってい
> たのになあ」と言ったので、「そしたらぼくはここにいないやん」と
> 言いました。お父さん、お母さんに子どもがいなくて助かったです。
> 　　　　　　　　　　　　　　　　　　　　　　　　　　養子 10 歳
> （ある時、K さん宅で、「お母さんの年では 25 歳ぐらいの子どもがい
> てもおかしくない」という話題が出ていたときのことです）

2章

こんなとき、こんな場合
告知のための Q&A

Q1 告知の時に気をつける言葉づかいとか言ってはいけないことはありますか。

　真実告知は事実そのものを伝えることではないので、そういう意味では言葉の使い方、表現は大切と言えます。告知の際にはその子の人格を尊重し、否定的な言葉でなく、肯定的で愛情のある言葉を使うことが必要です。特に「生みの親の状況」や「なぜ育てられなかったか」などを話すとき、子どもの年齢を考え、受け止められる柔らかい表現に変え、生みの親を悪く言わないことなどは重要なことです。言葉づかいの善し悪しの前に、そういう思いを持って接していくと、おのずと表現したい言葉も選択されてくるように思います。言葉づかいで言えば、例えば、「本当の親」という表現で「生みの親」を指すことがよくあります。養親でも気に止めずに使っていることもあります。「本当」の反対が「嘘」になりますから、幼い子どもは養親を「嘘の親」と表現することもあるぐらいですので、「生みの親を本当の親」という言い方は避けた方がよいのではないでしょうか。親を使い分ける表現として「実親」という表現も使いますが、ある養親は「生みの親を実親と言われると自分たちが嘘の親と言われているような気もする」と話していました。そういう意味では「生みの親」、「最初の親」、「生んでくれた人」などの表現が勧められるのではないでしょうか。

　養親のＳさんが『寝食をともに一緒に生活しているうちに、血のつながりがないということなど全く意識しないで、「本物の親子」だと思えるようになった』と語っていますが、「本物の親子」はなかなかすてきな言葉ですね。

　私たちも以前は使っていたように思いますが、「養子にすること」を子どもを「もらう」という表現もよく使われます。「もらう」という言葉は

品物に対して使うことの多い言葉なので、「養子縁組をした」「養子になった」という表現の方がいいという意見もあります。

Q2 告知するよいタイミングはどんな時でしょうか。タイミングをはずしていないか心配です。

　養母のMさんは、告知の時期を「なぜか4歳と決めていた」と言っています。いろんな話を聞き、子どもとの生活の実際からそう思うようになっていたと考えられますが、そのように目安をもって告知のチャンスを考えている方もいます。親から離れて過ごす時間が長くなる4〜5歳から小学校の入学前を、初めての告知のチャンスと捉えている人も多いようです。

　養親が告知をする必要性を認識していれば、生活のなかで幾度もチャンスは訪れると思います。養親が真実告知を行うことにかたくなな気持ちを持っていたり、言いたくないと思っていると、他人から見ると「よいチャンス」と思えるようなチャンスを逃すということはあるかもしれません。以前は話すことができなかったけれども、今は告知をすることが必要だと思ったら、その時がタイミングともいえます。正直に本気で子どもと向き合うことが、一番良いタイミングをつかむことにつながるのだと思われます。

Q3 子どもが告知についての話を聞くのをさける様子があります。どのようにすればよいでしょう。

　子どもが幼いときから始める告知は、「子ども自身が知りたいから始めた」というわけではなく、「親がきっかけを作り、自発的に話し始めた」ということが多いと思います。告知を受けた後の子どもの受けとめ方、親の気持ちは一人ひとり状況が異なりますので、すべてをひとくくりにはできませんが、子どもは聞きたくないと思うときもあるでしょうから、聞きたがらない様子が見えたときには、見守ってやるときかもわかりません。いつもいつも親が告知のチャンスを見出していくことでもありませんので、親から言い出すのでなく、必要なときには子どもから質問できる雰囲気にしておいてやることができればと思います。

　ただ、もし、親が真実告知をするのをとてもつらいと感じていたり、しなければならない義務のように感じていたり、こだわりを持っていると子どもは親の気持ちを感じとって、聞きたくないという気持ちを持つこともあります。そのあたりを親は振りかえってみることが必要かもしれません。もし、自分のなかにそういう思いがあるようなら、少しリラックスして取り組んでみてはどうでしょうか。

　告知に参考になる児童書や書籍も今ではかなり手に入るようになっています。また、先輩の養親や里親の体験を聴かせてもらうのはとても参考になります。生みの親に育てられなかったという対象の喪失の寂しさ、悲しみ、怒りなどの気持ちを解決しておくと、後々に子どもは課題を残さないですみます。話すということは癒すということでもあり、親子でこういった話ができ、子どもが何にひっかかっているのかわかれば親は手助けすることができます。

Q4 生みの親について、どの程度話せばよいのでしょうか。

　告知の始まりが子どもが何歳であったかによっても異なります。年齢によって生みの親に関することを話す内容が違ってきます。

　はじめは自分たちが生みの親でないということを話すだけで、生みの親についての情報はほとんど触れることがないといえます。算数でも足し算、引き算を習い、かけ算を習うように、子どもは年齢に応じて難しいと思われることも解決していく力をつけていきます。親が子どもを養育できなかった事情についても、簡単な言葉、表現から始めます。里親のKさんは「あなたを生んだお母さんは身体が弱くて、抱っこすることもできなかったので……」で始まりました。抱っこできないというのは本当の理由ですが、子どもの成長とともにもっと根本的ないくつかの理由を伝えるためのきっかけの表現なのです。

　大人の世界を、子どもが早くからわかるのもどうかと思います。親の問題を自分の問題でもあると混同するような年齢では、子どもが自分の自尊心を低めるようなことにもなりかねません。養親や里親のなかには、例えば、「こうなったのは自分に原因があったからだ」という子どもの思いを聞いた人がいるのではないでしょうか。「あの時に泣いたから、泣いて困らせなかったら自分を置いていかなかった……」と子どもは自分のせいにしているようなこともあるのです。子どもがそのような考えを口にしたときは、「そうではなくて、大人の事情でこうなったのだ」と訂正してやり、「あなたのせいではない」ということをしっかり教えなければなりません。

　受け止めが難しいと思われる事情がある場合、伝え方、時期をよく考えることが求められます。そのような時、関係機関に事前に相談し、サポー

トを求めることが必要です。

養親から、高校生になった息子が、「おかん（お母さん）、俺は中絶されんでよかった。もし、中絶されていたら今の俺はいないもんな」と言ったという話を聞きました。そうなのです。生みの親は「命を与えた親」ですから、養親や里親は生みの親を悪く言わないという事は大切です。もし、子どもを見捨てたというような行為があったとしても、当人の心の内まで知りえるわけではありません。子どもを育てられなかった親も、また恵まれない子ども時代を背負っていて、子どもを愛し、育てていく環境が整えられなかったのかもしれません。

養親から子どもに話すときには、生みの親のことを悪く思わないようにつとめながらも、反対に子どもから生みの親について尋ねられたり、接近しようとする態度が見えると、養親は警戒するためか、生みの親についてあまりよく聞こえないような言い方をする場合があります。話す内容が養親の感情に左右されるようなことは、一番避けたいことです。子どもはどちらが本当の姿なのか、混乱と不安の渦のなかに巻きこまれるのです。

Q5 「ライフストーリーワーク」ということを聞きます。どんなことですか。

　生みの親と暮らしている子どもたちは、自分の過去をいろんなかたちで知ることができます。両親が話してくれたり、親戚が集まる機会には、会話のなかで笑いあったりするエピソードやストーリーが語られます。生みの親から離れて、児童養護施設、乳児院、里親宅、養親宅で暮らす子どもたちは養育者が変わることで、過去は途切れ途切れになったり、しばしば忘れ去られていきます。

　欧米では子どもたちに、生い立ちの記録である「ライフストーリーブック」を作ることも含め、生いたちを受け入れるために「ライフストーリーワーク」を実践しています。こうしたことが大切に考えられるようになってきたのは、子どもたちが幼い頃のことを理解し過去を受け入れていくことが、現在や未来を前向きに受け入れ、生きていくうえでの最良の方法だという理解が深まったからのようです。ライフストーリーブックは絵や言葉や写真、出来事で作る子どもの生い立ちの記録で、信頼できる大人に手伝ってもらい、子ども自身が作っていくというものです。ブックには子どもの人生の一部である過去、出生の記録、成長で見せるしぐさやエピソード、養親や里親に預けられるようになったいきさつ、その子にとって重要な人々のことなども含まれています。

　「ライフストーリーワーク」の役割は、「子ども時代に望まれ、愛されていたと感じること」、「自分の過去を知ること」、「第三者から価値ある人間だと思われていること」などであるといわれています。真実告知のあと、子どもの関心や疑問に答えていくことになります。成長のエピソードも含め、その時々に語り合っていく気持ちでいることが求められます。

Q6 実子がいる場合はどうしたらよいでしょうか。

　養子と実子を一緒に育てる場合には、少し配慮が必要です。

　自分たちから産まれた子どもも、産まなくても望んで育てている子どもも、どちらも親にとっては価値ある大切な存在であることを、どちらの子どもにも伝えなければなりません。血のつながりの意味がわかりはじめたら、養子は血のつながりのある関係に嫉妬を持つこともあるでしょう。たとえ、配慮して育てたとしても、思春期には親を試すような行為は他の子どもよりも強いかもしれません。「私の育て方が間違っていたかしら」と思うほどの時もあるようです。特に養子を迎えた後、実子が産まれた場合は、なおさらということがあります。容姿、体型が似ていないこともあるかもわかりません。親の知らないところで、「似ていないわね」と言われている場合もあります。養子は家族のなかで所属感を持てないような寂しい思いをしていることもあるのです。

　そういった場合の思春期の頃は「頼みもしないのに連れてきて」とか「こんなところに来たくもなかった」「産んでもいないくせに」という言葉が出ることもあるのですが、たいていの場合は本心からでなく、親の気持ちを試すといった意味の言葉なのです。しかし、親が本気でその言葉を受け取ってしまうと、子どもは逆に戸惑ったり、不安になったりするものです。そんなとき、親子の情がなくなったのではなく、一時潜んでいるだけなので、信じて待ちましょう。やがて落ち着いたあかつきには「自分がなぜそんなことを言ったりしたのか、自分でもわからない」と子どもは思っていることも多いのです。

Q7 「親を探して欲しい」と言われたとき、どのように対応したらいいのでしょうか。生みの親に会わせる年齢は？

　実際に親を探すということには、責任と配慮が必要です。里親の場合と違って、養子の場合は生みの親との関係は法律的にも切れ、実際にも家族関係が切れていますので、子どもと離別してからの生みの親にも新たな人生があります。その人の生活を壊すことがないように配慮する心は必要です。また、どんなことが起きても、親と出会ったその後の自分に責任を持たなければなりません。そういったことに責任を持って対応するためには、ある程度大人としての力量が求められますので、ルーツ探しを実際に行うには大人になってから、少なくとも成人近くになってからが望ましいと考えています。

　しかし、年齢は別にして、自分の生みの親について、「どんな人だろうか」という関心、「なぜ、自分を育てられなかったのだろうか」という疑問は、生みの親と離れて暮らす子どもが抱く気持ちでしょう。養親は子どもにとって生みの親の話は禁句だと思わないような心構えが要ります。

　幼い頃から告知も受け、生みの親が他にいると理解した養子が「お母さん、ぼくを生んだお母さんに会える？」、「会えるよ、大きくなって会いたかったら会いに行ったらいい。その時はお母さんも手伝うよ」というような会話はちょくちょくあるのです。親やきょうだいの情報を知りたいという人がすべて親探しを望んでいるわけでもないですし、実際に親探しの行動に移るわけでもありません。親と離れて暮らす子どもたちのアイデンティティを確立するためには、子どもが自分の過去を理解し、受け入れられるように援助することが必要です。

　子どもが生みの親に会うということは、誰か他人が勧めたりするようなことでなく、本人の意志が尊重されることですが、関係する多くの人

を巻き込むことなので、配慮が求められます。その時は支援を受けた機関に相談し、助言を得ることをおすすめします。

Q8　養子であるということを子ども自身が周囲の人に話してしまうことが心配です。

　養親のTさんは告知をした後で、子どもの性格からこのことをぺらぺらとどこかでしゃべってくるのではないか、他の人に話して欲しくないと考え、「これはお母さんとの秘密よ」と子どもに言ってしまいました。そう言った後で、「秘密よ」と言った自分にとてもイヤな気がした、と悩んでいました。

　「子どもが知らない人にまでしゃべって教えてしまうのではないか」という大人の心配について、ある養子は「子どもはしゃべりたかったら親が内緒の話だといってもしゃべると思う。本人がそれがイヤなことと思ったら、子どもは絶対にしゃべらない」と言い、子どもに任せたらいいと言っているのです。子どもがしゃべったことはそれはそれで解決の道もあるでしょう。そう言われても、大人の心配は子どもがしゃべった結果、本人の予期していない反応や影響があったときのことを想像するからだと思います。こういった心配に対し、当協会の大阪事務所の機関紙『あたらしいふれあい』に、参考になる話が紹介されています。「実践高機能自閉症・アスペルガー症候群」という講座で、よこはま発達クリニックの吉田友子医師が「本人への情報提供（告知)」について話されたなかから、アスペルガー症候群という発達障害における本人への「告知」の問題を当協会のケースワーカーがまとめて紹介しています。

　吉田医師は「告知の前提となるもの」として、子ども自身に「一応の安定した適応状況があること」、自己への気づき（不全感）があること」、「理解力、秘密を保持する能力があること」など、また、「保護者が子どもの状態を肯定的に受け止められていること、担任やサポートシステムとの

関係が良好であること、などを挙げておられる。「告知は親だけでなく、受け止める子どもにも大きな精神的エネルギーを必要とすることなので、親も子も安定した状況にあるという事が大切になってくる。子どもへの「告知」を、医師に求めてくることも多いそうだが、大抵は子どもとの関係が立ち行かなくなっている時であり、もちろん、そんなときの「告知」は行き詰まった関係を打開する助けにならない。

　特に「秘密を保持する力」については、『今、○○ちゃんに話したことは、とても大切なお話なんだ。大切なお話というのは、それを同じように大切だと思ってくれる人にだけ話すことなんだよ。それが誰だかわからなかったら、お父さんかお母さんに聞いてね』さらに、吉田医師は「告知」は「伝えた日」だけで完結するのでなく、しっかりと準備し、その後のフォローをしていくことが必要だ。

　　　　（※『あたらしいふれあい』2003年7月号より一部抜粋）

吉田医師は告知の条件として以下のことを挙げています。

＊「告知への前提状況」＝保護者が子どもを肯定的に受け止められていること、親が孤立していず、サポートしてくれる人がいること
＊「秘密を保持する力」
＊「告知後のフォロー」

すべてが養子や里子の「真実告知」に通じるお話です。
「これは大切なお話なので、大切だと思ってくれる人にだけ話すことなんだよ。それが誰だかわからなかったら、お父さんか、お母さんに聞いてね」というのは本当にいい表現だと思います。

Q9 養子が小学校に入学するのですが、先生には養子であることを話しておいた方がいいのでしょうか。

　子どもが幼稚園や小学校などの社会とつながっていくことになると、一度は「どうしたものか」と考えることかもわかりません。里親子の関係、養子縁組の手続きが完了していない場合は、保護者の名前と子どもの名前が異なっていますので、学校に事情を説明し、理解や協力を得なければなりません。

　幼稚園入学前に養子縁組が完了している場合はどのように対応するかですが、実際には担任の先生に話をしている養親もいれば、していない養親もいるのではないでしょうか。養子であることで特別に配慮をしてもらう必要性がない時には、話をしていない場合が多いのかもしれません。原則論が決まっているわけではありません。先生にも養親子の実際を知っておいて欲しいと願っている場合や、「命の授業」の際に養父母が先生に事情を話をしている場合もあります。養親は法律的にも、心理的にも親ですので、どのように対応するか養親が決めていくことになります。

Q10　子どもの名前を変えることはできますか。

　アメリカでは養子縁組が成立すると、養親によって養子に新しい名前が付けられています。かつての名前をセカンドネームにしたりもしているようですが、その名前を変えることが子どものアイデンティティを不安定なものにしている場合があると、何かで読んだことがあります。日本では養子縁組の際に名前を付け変える制度にはなっていません。名前を変えるということになると、家庭裁判所に改名の申し立てをし、許可を得なければなりません。これまでに養親になる人と養子となる子の名前が同じということで改名をしたケースもありました。この場合、名前を変えることで社会的に支障の少ない子どもが改名の運びとなりました。

　これ以外にも、近い身内と同名、難しい名前、その他表向きの理由の裏に養親の望む名前をつけたいという理由で養子が改名した例はあると思います。

　改名については、私はいくつかの事例をとおして、以前より慎重に考慮したほうがいいと思うようになりました。ある養育者が養子縁組ができたら改名手続きをとる予定で、子どもの呼び名を変えていました。養子縁組の手続きの際に、実母は子どもの名前が自分が名付けたのとは違う名前で呼ばれていることを知りました。彼女は子どもがまるごと受け入れてもらっていないと感じ、否定された気持ちがしたことを後日告白しました。

　またある時、生みの親のことを知りたいという理由で、成人した養子の男性と話をする機会がありました。彼は名前を養親によって改名されていたケースです。頑張り屋の彼はしっかり育っており、近く結婚する予定でした。彼が改名について不満を言ったわけではありませんが、「子

どもが生まれたら、かつて自分の生みの親がつけてくれた名前を付けようと思っている」と言いました。それを聞いて複雑な気持ちになり、子どもにとっては、名前が自分の命と同様に生みの親が残してくれた財産という捉え方もあるのだと思いました。

　改名については、養親が自分のために新たに付けてくれた名前だと喜んで受け入れる場合もあるでしょうし、例にあげたように思う場合もあるということを理解したうえで、検討して欲しいと思いました。養親や里親は子どもの生命をまるごと引継ぎ、親子のつながりを築いているということを忘れてはならないという気がします。

Q11 きょうだいを養子にしている場合の告知はどのようにしたらいいのでしょう。

　きょうだいを養子縁組して養育している場合、きょうだい2人に一緒に告知するのか、別々に1人ずつするのかということがあります。

　真実告知は一人ひとりの状況に応じて始め、また一人ひとりその受け止め方や反応も異なります。そう考えると、きょうだいを養子縁組している場合でも、それぞれの子どもに応じて始めていくことになり、まず年長の子どもから始めるのが望ましいと思います。

　子どもはそれぞれ性格も違いますので、告知を受けてどのように感情を表現するかということがあります。それによって親のその後の対応も変わってきます。

　例をあげれば、兄弟に一緒に告知をしました。勝ち気な弟は生みの親への怒りを表明して荒れました。兄はそんな弟をなだめる側に回ってしまい、自分の気持ちは出せずに閉じこめたままになってしまいました。後に養親は兄の心の問題に気づかされることになります。告知のことだけが原因かどうかはわかりませんが、キッカケはあったのではないかと思われました。

　例えばこのように、もし一緒に告知しなければならなかった場合は、告知をした後、それぞれの子どもと1対1で話ができる場を何度か用意して、子どもの気持ちを聴いてあげることが必要になってきます。子どもは怒りの気持ちを出してもいいし、悲しみの気持ちを出してもいいのです。その怒りや悲しみを理解してあげることが、子どもが持っている喪失の課題を解決していくことになります。そうした感情を表現することは養親の存在を否定しているわけではなく、新しい親子のより深い関係が育まれていくことにもなるのです。

里親が語る告知
里親は子どもにどう伝えたか

愛の手記事が
縁になって

松井　若菜

　私は今、高2の女の子と中1の男の子を育てています。上の子は小学2年生の時に特別養子縁組をしました。

　里親になるきっかけは、長期にわたって不妊治療を続けていたんですけど、お医者さんから「別の道を考えたらどうか」と言われたのでもう見込みがないと思い、里親を考え手続きに行きました。私が大家族で育ったので、子育ては絶対したかったし、夫婦二人きりの生活は考えられませんでした。

　子どもとの出会いは、神戸新聞の「愛の手」の記事でした。いたずらっぽく笑っている顔が印象的だったので協会に申し込み、縁あってマッチングに進んでいきました。

　申し込んでから協会から連絡をもらうまで、毎日「まだか、まだか」と本当に待ち遠しく、連絡をもらった時は喜びだけで不安はなかったです。

　乳児院で初めて会った時、新聞の写真を見たときから何カ月か経っているので、顔が変わっていて「どの子かな」と探していたんですが、職員さんから「この子です」と紹介され、すぐに抱っこもできて、すごく良い感じで初日は終わりました。

　10月に出会って、面会を始めたのですが、最初の頃、よく泣かれました。見ず知らずのおばちゃんから「お母さんよ」と言われても、子どもの側からしたら理解できないやろうし……ね。

　しばらくして外出になってファミレスなんかに行っても、駐車場から大声をあげて泣くので、周りから見たらまずいんちがうかと思われるく

らいだったんです。

　面会を重ねていたある日、本人が昼寝から目覚めるなり「おかあさん〜」と大声で泣いたことがあって、保育士さんから「もうそろそろかな」と言われたことがありました。

　後追いするようになってからは、順調に進みました。そして、引き取りとなりました。

　この時点では長期委託という話だったのです。私たちは養子縁組を望んでいたのですが、子どもと会っているうちに「長期養育でもいい、この子と一緒に暮らしたい」と思うようになっていました。

　家に来てからも、時々お友だちの名前を呼んでウルウルしたり、乳児院の時の写真を見て先生の名前を呼んだりしていました。その姿を見ていると、うちに連れてきてよかったんかなと不安になることもありました。そんな時でも、先輩里親さんや家庭養護促進協会の先生から「大丈夫よ。自信もって」と言われ、乗り切ることができました。

「ずっと一緒にいてくれて、ありがとう」

　3歳になったので保育園に行く道もあったのですが、私は預かったからには1年は子どもとどっぷり接して行こうと考えていました。身体的にはしんどいこともありましたが、後に小学校で「命の授業」があった際に、周りの子どもは「産んでくれてありがとう」と言っていましたが、うちの子は「3歳の時、ずっと一緒にいてくれてありがとう」と言ってくれたので、あの一年間は私にとっても子どもにとっても大事な一年やったんだと思いました

　翌年から幼稚園に通うようになったのですが、その頃から「私にはお母さんが2人いてんねん」とか「私はよそから来てん」と友だちに言って回っていました。それを聞いて心配して連絡をしてくれたお母さんも

ありました。

　私が「そんなことはない」と言えば、子どもが嘘をついていることになるので、「そうやで」と答えておきました。もちろん、人を見てですけど……。信頼のおけるお母さんはこちらの味方になってもらうようにしました。先生にも否定的な対応はしないようにお願いしました。

　小学校2年生の時に特別養子縁組をしました。預かった当初は長期養育だったんですが、こども家庭センターや家庭養護促進協会の先生が実母さんに連絡をとって下さって、縁組の承諾を得ることができました。その経緯を8歳の子どもにどのように話せばいいのかと思ったのですが、「戸籍というものがあって、それはあなたがママとパパの子ども、松井の家の子どもだということを証明してくれるもの」と説明をして、「それでいいかな?」と聞いたところ、「ウン」と言ってくれると思いきや「イヤ」と答えたんです。「何で?」と理由を聞くと「そうなったら、それまでの7年間のことを忘れてしまうから」と言うんです。

　この子にとったら、その前の7年間も大事なものなんやと教えられました。「ママも新しい家族になるために松井になったんよ。だからあなたも新しい家族になるために松井になってくれへんかな」と言うと、「それやったらいいよ」と答えてくれました。

　今、そのことを本人に聞くと「全く覚えてない」と言っています。でも、子どもが成長するその時その時に応じた誠実な対応が大切なんだと思っています。

　実母さんが「写真を1枚欲しい」と言われていることをこども家庭センターの先生から聞いたので、七五三の時に着物で撮った可愛い写真があったので、裏に「大切に育てます」と書いてお渡ししました。それで私たちにも覚悟ができたように思いました。

年齢に応じた告知をしてきた

里親のときには医療券があって、医療機関の窓口で「それは何ですか？」と聞かれたり、「本当のお子さんではないんですね」とか「これは誰がお金を払うんですか？」とか言われ、嫌な思いをすることもあったのですが、縁組が成立して、わが家の保険証を3枚並べて喜んだ日のことを覚えています。

真実告知についても、年齢に応じてしてきたつもりです。特別に構えることでなく、テレビなんかを見ている時に、関連のある場面があると子どもの方から「産んでないけど、家族やんなあ」と確かめたり、布団を丸めて大きなお腹にして「生まれた」という遊びもしていました。そんな機会を捉えて話題にすることが適切だと思います。時には「ほんまに産んで欲しかった」と言われたこともありましたが、「産んで親子というのは普通や。別々の人がこうやって出会って親子になるって、すごいことやないか」と返したらと、子どもの方も「そう言われれば、そうやな」と納得してくれたようでした。

テレビで乳児院のニュースがあれば「お母さんに事情があって乳児院に預けたんやなあ。その子を大切に育てるからと、この家にきたんやなあ」というような話をその年齢に応じてしてきました。「まる子ちゃんの生まれた日」という本を親子で読んだこともあります。告知はかしこまって改めてするものでなく、何かの関連のある機会に話題にするのがいいと思います。子どもの成長や考え方に寄り添って、子どもと一緒に話しあってきたという思いがあります。

養子縁組が終わってからは「私はよそから来てん」というような話は一切しなくなりました。同時に「ママもあちこちで言わんといてな」とも子どもから言われました。食事中に「この家は全員他人やな」と大笑いしたこともありました。もうその時期は過ぎたものと思っていたので

すが、ある時、車の運転中に後部座席から子どもが突然「なあ、産んでないやんな」と言ってきたんです。いきなりだったので、びっくりしたんですが、私が「そうや、産んでないけど、大事に育ててきたんよ」と答えたら、「まあ、それはそれでいい」と言ったんです。それっきり告知のことは言わなくなりました。子どもが何が聞きたくて、いつ、どんなふうに言い出すのか、親の側はわかりません。だから、いつ何を聞かれても対応できるように心の準備をしておいた方がいいと思っています。

おヘソなんか見なくてよろしい

　先ほども少し触れましたが、小学2年生の時の「命の授業」では、自分が生まれたときの様子を親に聞いてきて発表するんです。授業参観なので教室に行くと、壁にうつむいている人間の絵が貼ってあって「苦しい時、困った時はおヘソを見なさい。それはお母さんとつながっていた場所だから」という授業だったんです。私は「はあ？」という気持ちでいたし、やらされ感も感じていました。

　子どもたちは口々に「お母さん、産んでくれてありがとう」と言っていましたが、うちの子は「3歳の時にずっと一緒にいてくれてありがとう」と発表しました。

　家に帰ってから「誰でもお腹の中で育ち、生まれたからにはお母さんとつながっていたけど、私とあんたは、命丸ごと受け継いだんやから、何ら変わりはない。おヘソなんか見なくてよろしい。しんどかったら顔を上げよ。そこにいつもママがいるから」と言いました。「そっちの方がすごいんやから」とも言いました。すると娘は「そうやな」と納得したようでした。その後も「出会えてよかったなあ。ママが産んでたら、こんな可愛い子は生まれてないわ」と笑い話もしてきました。

　下の男の子が来てから、ケンカが絶えません。そんな時に上の子が「お

前なんか捨てられたくせに」と言うんですよ。すると下の子が「俺は捨てられたんちがう。世話をしてくれる施設に預けられたんや。そんなん言うならお前もや」と言い返す。なんでそんなこと言い合うのかと止めに入ると、「お互いに腹が立ったから……。本気で思ってはいない」ということなんです。こんなことを繰り返しながら姉弟として育ってきたという感じです。

わが家が最寄りの駅から遠いので駅の近くに引っ越そうかと言ったところ、二人とも「この家は置いといて欲しい」と言うんです。自分が初めて来た家だし、自分のルーツという感じなのかなと思います。なので今も引っ越しもせずにいます。

最近は人前で話をする機会もあって、娘に「養子になってよかったと思う？」とたずねると「そんなん、施設で育ってないからわからんわ」と言っています。

中学時代に「出会えてよかったな」という話をした際に「お母さんは子どもが欲しかったんやろ。それなら別に私でなくてもよかったんじゃないの」と言われたことがありました。その時は、原点に戻って、「写真を見てこの子でなかったらと思ったんや」と言うと「ふうん」と言っていました。

「何でも聞きたいことがあったら聞いてね」と伝えているし、母子手帳など関連するものの置き場所も知らせています。今は YouTube などで養子になった人の話を聞くことができるようで、今はそんなことも見ているようです。高校生ですから、それなりに思うこともあるんでしょう。いずれは生みのお母さんに会ってみたいとか、今までとは違うことを考えるかも知れません。その都度、その都度、子どもの気持ちを大事にして関わっていきたいと思っています。

里親仲間が
助けてくれた

望月　亜弓

夫に養子という選択を話し続けた2年間

　現在の家族構成は、私たち夫婦と私の父母、それに養子縁組した21歳の娘と、高校3年生の男の子の6人です。

　結婚して10年ほど子どもがいないので、不妊治療にも通いました。

　「夫婦二人だけでもいいよね」と何度も話し合ってきましたが、どこか納得できず、このまま子育てせずに年老いていくのはやっぱりイヤだという思いは抑え切れませんでした。そんな時、新聞で「養子を育てたい人のための講座」があるのを知って、さっそく夫に私の思いをぶつけてみました。夫は元来子ども好きなのですが、養子という考えまではなかったようで、その時は跳ね返されました。でも、私は諦めずに、事ある毎に話題にし、攻め続けたところ、2年程してやっとその講座に夫婦で参加することができました。その時は、わくわく、ドキドキの心境でした。

　養子を迎えたいという考えに、私の父母、近くに住む妹夫婦も大賛成してくれ、決意は固まりました。それからはいろいろな研修会に参加し、たくさんの里親さんにも出会い、いろんな話を聞かせてもらいました。子どもを迎えるまでじっと待っているだけというのは、とてもつらかったので、研修の延長という形で乳児院に行かせてもらいました。それと平行して研修会で紹介してもらった本も読みました。養子になる子どもの心境がわかりやすく書かれていて、とても参考になりました。この期間は私にとって充電の時間だったと思っています。私はもともと楽天家なので不安は感じませんでした。

　その後、子どもとのマッチングがあり、乳児院での面会です。人見知りの強い娘だったのですが、保育士さんたちに「大丈夫ですよ」とか「無理をせずに他の子と遊んでもらってもいいですよ」とか言っていただいて、そんなふうにしていると、娘がジーッと遠くから厳しい目つきで見ているんです。面会を重ねるうちに私が差し出したお箸で食べるようになり、その時は思わず「ヤッター」とガッツポーズをしていました。

　2人だけの外出も、「泣くかも知れませんがどうぞ」と言われて施設の外へ連れて出ました。玄関を出るまでは私の腕にしがみついて大泣きしていましたが、一歩出るとサッと泣き止んで、私はうれしいやらおかしいやらで、もう最高の気分でした。保育士さんの適切なアドバイスで面会が順調に進んだと思っています。

娘を家に迎えて

　いよいよ待ちに待った可愛い子どもが家にやってきました。1歳7カ月の女の子です。

　田舎なので子どもを連れて近所に挨拶に回りました。私たちが住んでいる地域では、子どもが誕生すると隣保の人がお祝いに来る習慣があって、わが家にもお祝いの訪問がありました。私の母も「おばあちゃんデビュー」ができてうれしかったのか、毎日子どもを自転車に乗せて、牛やアヒルを見に連れて行ってくれました。でもここで思ってもいないことが起きたんです。親子で子どもの取り合いになったのです。私は初めての子育てでヘトヘト。ご飯を食べさせて、オムツの洗濯で精一杯なのに、おばあちゃんはベテランとあって余裕です。

　私が一所懸命食べさせている横から「もうかわいそうやから、ええやん」と、スッと子どもを取り上げる。「私は一体何なん？」という日々が続き、ストレスで私の体重は減りました。娘もストレスからなのか乳児性湿疹

が出て、なかなか治りませんでした。大きな病院にも行きましたが改善しませんでした。

　ある日、近くのかかりつけ医に行った際に「お母ちゃんも大変やな」と言われた時に、なぜかホッとして肩の力が抜けた気がしました。そしたら不思議なことに娘の湿疹も治ってきたのです。親のイライラが小さな子どもにもよくわかるんだなと思いました。

告知のこと

　その頃、近所に住む私の妹のところに、うちの娘より1歳年下の女の子が生まれていたので毎日、リュックサックにおやつを入れて、散歩がてら遊びに出かけました。

　一緒におやつを食べて、子育てにまつわる話をするのがとても楽しかったです。展望のよい小高い丘に腰掛けて、子どもを抱いて、赤ちゃんの話で子どもにわかる内容を話してやりました。告知をするにはとてもいい環境だったのです。でも子どもの反応は年齢が小さかったこともあるのでしょうが、「ふーん」というだけでした。

　それまでに家庭養護促進協会から「告知は小さい年齢からするのがよい」と聞いていたのですが、なかなか機会がなかったんです。

　ある年、協会の「ぽんぽこキャンプ」に参加したんです。子どもはもちろん楽しいのですが、親にとってもすごく楽しいキャンプなんです。子どもが寝静まった頃からお母さんたちのお話し会があって、その場で先輩の里親さんたちから告知についてのアドバイスを受けました。みなさんそれぞれ様々な告知の例があって、あれこれ話を聞きました。私はそれで勇気百倍、キャンプから帰ったその日の夜、夫婦2人そろって子どもに告知しました。

　「お母さんは赤ちゃんが産めなかったけれど、あなたと出会えてとても

幸せ。大好きだよ」と話をしました。その後、娘から何度か尋ねてくることがありましたが、私たちが困ったようなことはなかったです。事前に家庭養護促進協会主催の真実告知に関する研修に参加して、いろんな話を聞いていたので、慌てずに済んだものと思っています。

弟が来た

娘と暮らして4年が経った頃、私も娘もきょうだいを欲しいなと思うようになっていました。夫に話をすると、乗り気ではなく反対のようでした。

「オレ、何歳やと思っとんや。殺す気か」と言うんです。でも私たち母・娘は諦めずに言い続け、娘に甘いお父さんですから折れてくれました。

それから弟がやってきたんですが、理想と現実のギャップは大きかったです。このときも前もって協会から「おとうとがやってきた」（偕成社刊）という本を借りて毎晩のように読んでいましたが、その通りでした。姉の持ち物を興味本位で何でもさわる。触ったらダメよと言うと「ふん」と返事はするんですが、次の瞬間もう触っているんです。このとき協会の職員さんから頂いたアドバイスは「お姉ちゃんに対して、いつも以上に気にかけてあげて」ということでした。私たちは気づかなかったんですが、弟以上に姉の方が大変だったということです。

娘の不登校

そうこうするうちに、娘が小学校入学の歳になりました。入学して間もなく、同級生からのいじめで登校しぶりを始めたのです。私たち夫婦は子どもの頃は学校が好きで、皆勤賞の子どもだったので、学校に行きにくい娘の気持ちの理解に苦しみました。

とにかく娘の話をよく聞くところから始めました。「給食がすんだら帰っていいか？」と言われて、私が「わかった」と答えて迎えに行きました。すると、すごく嬉しそうな顔をしたんです。後になって、あの時「約束を守る」ことで、娘が私のことを信じてくれたのかなと思いました。

いろいろありながらも、不登校はなんとか乗り切ることができました。

乗り切る方法としては、一つは子どもの話をしっかり聴くということ。また、約束は破らないこと。あと、いじめについては本人からどうしてもやめてと言えなかったので、親子で作戦会議をして、「なんでそんなことするん？」と訊いてみるとか、「自分がされたらどう思う？」と訊いてみるとか話し合いました。これも以前、どこかの研修で学んだことだと気づきました。また、担任の先生にも相談したところ丁寧に対応して下さってありがたかったです。

養子縁組をした日に赤飯でお祝い

私自身が３姉妹で育ったので、男の子の子育ては初めてでした。この子がやんちゃ坊主で大変でした。散歩に出掛けた時に、車道と歩道を分離するコーンをポーンと車道に投げたんです。田舎道で車の通行が少なく、事故にはならなかったもののびっくりしました。たまたま通りかかった人が「うちの男の子もそんなんやったよ」と言ってもらってホッとしたこともあります。そんなふうにいろんな人に助けてもらったと思っています。

姉は弟を見ながら、自分もこんなふうに家にやってきて、育ててもらったんだなと思っていたそうです。

養子縁組の段階になって、娘にもわかる範囲で縁組について話をしたところ、私たちの姓になりたいと言ったので手続きをしました。もともと養子縁組のケースではなかったので半ば諦めていたのですが、協会の

方やこども家庭センターの方の働きで縁組が叶ったんです。

　ある晩、娘が「私を産んでくれたお母さんに会いたい」と言ったのです。とっさのことだったのですが、私が「あなたが大きくなって、大人の気持ちがわかるようになったら一緒に探してあげる」というと「うん、約束だよ」と納得して寝ました。その後も似たようなことが数回ありましたが、いつしか言わなくなりました。

　うちでは誕生日などお祝い事があるときは、おばあちゃんが赤飯を炊いてくれていたので、2人が家に来たときも、養子縁組をした日も家族そろって赤飯でお祝いしました。娘は少し照れながら「お父さん、ありがとう」と言ったそうです。私は台所にいたので聞こえなかったのですが、夫は会社から受け取った健康保健証に子どもの名前が記載されているのを見て、すごく喜んでいたことを覚えています。

　これまでいろいろありましたが、ここまで来れたのも里親仲間や、先輩方、関係機関のおかげだと思っています。悩んでいるときに私の話を「ふん、ふん」と聞いてくれる里親さんや、自分の経験からアドバイスをしてくれる先輩里親さんが、いっぱいいるんです。

　研修会で悩みをさらけ出したら「大丈夫、大丈夫。もうすぐ可愛くて仕方がないというようになるから……」と楽しそうに語りかけて頂きました。本当にその通りでした。弟も生意気だけど可愛いです。可愛い寝顔に思わずスリスリしていることもありました。反抗期、思春期を経てきましたが、今になって思うのは、この子たちとの出会いがなかったら、こんな苦しいことや楽しいことを経験することはなかったということです。弟のことで苦労をしている時に、姉から的確なアドバイスをもらうこともあり、心強いパートナーになってくれました。

　真実告知をしてよかったなと思うことは多々あります。

　娘の高校時代、保健体育の授業で両親の身長からその子どもの身長を推計することがあったそうです。娘はいくら計算しても自分の身長と計

算上の身長が合わず、焦っていたそうなんですが、そのうち「そうや、合わんはずや」と気づき、級友には「私、これから伸びる体質なんや。ハッハッハッ」と笑い飛ばしたそうです。その話を聞いて私はウルッときました。

いじめを克服して強くなった

娘がいじめを克服した後はすっかり力をつけたのです。ある年、転校生があって、その子のランドセルに書かれている名前と名簿の名前が違うと周りからいじめられていたそうなんです。

その時に娘は「それがどないしてん。私も名前が２つある」と言ったそうです。

また、放課後、小学校のグランドに弟を連れて遊びに行っていた時、同級の男の子が「その子だれ？親戚の子？」と訊いてきたんです。しつこいな、うるさいなと思った娘は「私の弟や」と言ったら男の子は黙ったそうです。

はじめの頃、弱かった子ですが、心が強くなってくれました。本当は妹を望んでいたようですが、これだけは縁のもので仕方のないことです。今では娘が弟の頭を撫でながら「お母さんも、もっとほめてあげよ」と言うんです。私の方がが叱られているくらいです。

今は４人家族で暮らしていますが、娘が過去を振り返って「お母さんがママさんバレーに出掛けると寂しい思いをしながら寝た」とか「夜、目が覚めて誰もいないと、おばあちゃんの家でよく泣いていた」とか話してくれます。

また「お母さんに叱られて怖かったけど、今ではお母さんの気持ちがわかる」とも言ってくれます。近々結婚するんですが、「そしたら夫婦２人でゆっくりしようか」と話していたら、「おばあちゃんはどうするん」

と突っ込んで来るんです。優しい子に育ってくれたと思います。

　男の子は、「ボクは散歩なんかせずにボーッとしておりたかったのに、無理やり散歩させられた」と言っています。これも私が「男の子は元気で外で遊ぶのがいい」と思ってしたことで、午前中に歩かせて、午後は昼寝がしたいと思っていましたから……。

　でも今、ゲームをしたり、インドアの生活が基本の姿を見ていると、子どもは性格やタイプによって違うんだと改めて思います。そんな子でも、協会のぽんぽこキャンプでは小学生の子どもの世話係をするようになって、成長ぶりをとてもうれしく思っています。

研修に参加して多くを学んだ

　研修の機会は大切だと思います。私はいろんな機会に参加して、何か一つでもよかったなと思うことを持って帰るようにしています。ある時の研修の休憩時間に会場に並べてあった本の中から「実親に会ってみたい」（ジュリア・フィースト／他著、大谷まこと監訳、明石書店）という本が目に止まったのです。買って帰り、すぐに読みました。里親、里子、実親それぞれの立場で書かれていて、とても参考になりました。娘が実親に会いたいと言ったときに、こちらの心の準備ができたように思います。先にお話しした「おとうとがやってきた」という本もよかったです。

　不登校で悩んでいた時にも、たまたま神戸新聞で関係のある公開講座に出会いました。

　夜回り先生の水谷修さんの講演だったんです。夫と一緒に参加したんですが、すごくためになりました。

　いろんな巡り合わせが生まれ、助けてもらえるのも研修のいいところです。里親さん同士の関わりや、子どもを通してのつながりは宝物のように思います。そういう関係があるのとないのでは全然違うと思います。

里親家庭に限らず反抗期や思春期の子育ては大変だと思います。友だちから「反抗期、思春期は、美味しいご飯を作って、行ってらっしゃいとお帰りだけ言っといたらいい」と聞いていたんですが、それがなかなかできなくて、朝から言わなくてもいいことを口にしてしまってバトルになったりして、仕事前に体力の半分を使ってしまう状態でした。こんなふうに里親って、しんどいこともありますが、すごく幸せな気持ちを味わえるんです。

幼い子どもへの告知
─私の場合

糸川　理恵子

この子と出会うための人生だった

　私の家族は私と夫、この春年長になる蒼太と夫の両親の5人家族です。蒼太とは9カ月の時に出会い、2歳の時に特別養子縁組が成立しました。

　私たちの元に赤ちゃんがやってくるとわかったときは飛び上がるくらい嬉しかったです。マッチングを経て正式に迎えてからは毎日が無我夢中でとにかく蒼太が私たち家族の元で安心できて心身共に順調に育つことができるように一生懸命でした。良く食べて良く寝る子で気持ちの主張もはっきりしていて、子どもが一人いるだけでこんなに賑やかなんだと思いました。不妊治療しているときは私は子どもと縁がないのかと思っていましたが、蒼太と出会って私に子どもが授からなかったのはこの子と出会うためだったのだと思えました。

　特別養子縁組に向けて再度気持ちの確認をしたときには、蒼太は家族の一員というより家族の中心になっていて、血はつながらなくても大事な存在であり、何があっても守っていきたいと思いました。

「ぼくはおかあさんのおなかにいたの？」

　1～2歳の時は真実告知はまだまだ先のことのように思えましたが、あっという間に告知を考える時期が来たように思えます。蒼太は言葉をしゃべれるようになった時期は男の子にしては早い方で、3歳の頃には赤ちゃんについて尋ねてくる中で、「ぼくはおかあさんのおなかにいた

の？」と言われた時はびっくりしました。真実告知のことは何も準備してなくて、とっさに「そうよ」と答えましたが、一生懸命聞いてくれる子どもを前に、今は私から生まれたと言って安心させてあげたかったように思えます。

その後も「お母さんはおなかが大きかったの？」とも聞かれました。乳児院のお部屋で写した写真を見たときも、「ここはどこ？」と聞かれてお家と言っても「お家じゃない」と言われ、とても察しがいいので、乳児院で写した他の写真が見せにくくなってきました。真実告知をする時期はみんなそれぞれ違うのでしょうけど、研修は早めに受けておいた方がいいと思いました。

出会えたことの喜びを伝える

私たちの真実告知は夫と相談して、幼稚園の入園前（4歳前）にしました。ちょうど真実告知研修会に参加した後だったこともあり、その時に言われていたことで「真実告知は血がつながっていないことを言うのが重要でなく、あなたを迎えてどれだけ嬉しいかを伝えるのが大切」とのアドバイスがとても心に響いて、このことを頭に入れて伝えました。

親子3人のときに、「お母さん、本当は蒼太を生んでいないの。蒼太を生んでくれたお母さんは一緒に暮らせなかったけど、蒼太のことが大切だったから、あかちゃんのお家につれてきてくれたの。お母さんはずっと子どもがほしくて神様にお願いしていたら、蒼太とあかちゃんのお家で出会えたの」と伝えました。いろいろ聞いてくれるのかと思っていたら、予想に反して、「ふうん」と言われました。何かを考えてるようで目が少し涙目だったので、「お母さんたちは蒼太に出会えてうれしかった」と言って抱きしめました。

その日の夜、お風呂のあと「ぼく　びっくりした」とポツリと言われ

たのは今日の真実告知のことでもあり、乳児院でいただいた赤ちゃんのときからのアルバムもその時初めて見せたので、そのことも含めてびっくりしたと言ったのだと思いました。「びっくりしたよね。蒼太はお父さんとお母さんの大切な子やで」と言いました。

　告知をしたときの答え方は「ふうん」でもしっかり聞いていて、後日写真を見て「ここはあかちゃんのお家やね」と言ったり、何かのときに「お母さんは誰から生まれたの？お父さんは？おばあちゃんは？」と聞いて最後に、「ぼくは誰から生まれたの？」と聞かれることもあります。今でも確かめるように聞いてくることもあり、この子にとっては一生のテーマであると思います。

おへそじゃなく赤い糸でつながっていた

　昨年、幼稚園でもらってきた本の中で、おへそについての説明で、「おへそはおかあさんとつながっていたしるしだよ」とあり、蒼太もイラストを見て「こんな風につながっていた」と言って私のお腹に自分のお腹をくっつけてくれました。ちょっと切なくなりましたが、蒼太には「蒼太には生んでくれたお母さんがいるって前に話したよね。生んでくれたお母さんとはおへそでつながっていたけど、お母さんとはおへそでつながってはなかったの。でもね、蒼太とお母さん、お父さんは赤い糸でつながっていたんやで」と言いました。実際、愛の手の写真で初めて蒼太を見たとき、この子がいいとすぐ思って、夫にも「この赤ちゃんと赤い糸でつながっているような気がする」と言ったことを思い出しました。血がつながっていない子どもと一緒に暮らしたり、親子になれるのは目には見えないつながりや縁があるからだと思っていますので、そのときも蒼太に「お母さんに赤い糸は見えたの？」と聞かれましたが、きっぱりと「見えたんやで」と答えたら、ちょっと納得してくれてホッとしま

した。自分の手を見ながら「どの指かな〜」と言って見ていました。

　これからも真実告知は続いていくと思いますが、年齢に応じて聞いてくることも違ってくると思いますし、答え方もいろいろ考えさせられるのだろうと思いますが、子どもがちょっとでも安心できるように伝えていきたいと思います。4月から年長さんになりますが、幼稚園で一番上の学年になることをちゃんとわかっていて、お兄ちゃんっぽくなっているのが頼もしくもあります。幼稚園の男の子同士の会話を聞いているとちょっと強がっている部分もありますが、家ではまだまだ甘えん坊なので、そのギャップがとてもかわいいです。

　子どもを迎えて世界がひろがり、いろんな体験をさせてもらっていて、蒼太には私たちを親にしてくれて、ありがとうの気持ちです。

子どもの問いかけに
答えて

向田　美弥

乳児院での交流の日々

　私たち夫婦は、2012年に結婚しました。その後不妊治療をしたのですが、子どもを授かることができませんでした。治療については止める期限を決めていたので、その期限が来たので止めました。結婚前から私は実家で姉が子育てをしているのを見ていたので、自分も子育てをしたいという気持ちは強くもっていました。だから、子どもを諦めることはできなかったです。

　特別養子縁組のことは結婚前にニュース番組で見たことがあって、番組の中で出会った親子が少しずつ家族になっていくことに感動して、こんな形の家族もあるんだと思いました。ただ、その時はまさか私たちがそうなるとは思いもしなかったんですが、その話が頭の片隅にずっと残っていたんです。それを夫に相談するとすぐに賛成してくれ、里親登録しました。登録から2カ月後に、真也の話をいただきました。

　翌年の4月に初めての面会がありました。真也は3歳半でした。幼児の大部屋にいて、テレビを消して自分のおもちゃで遊ぶ時間だったんです。他の子どもたちはバラけておもちゃを取りに行ったんですが、真也だけが立ちすくんで私たちの方を見ていて、私たちが近づいて行くとすごく照れて恥ずかしそうにしている姿が可愛くて、私は絶対ウチに来て欲しいと思いました。それから施設での交流が始まったんですが、真也は試し行動のかたまりみたいに、こちらをチラチラ見ながら走って逃げ

て行ったり、一緒に遊んでいてもプイッと施設の先生のところに行ったりするんです。その間に他の子が私の膝に乗ると、それを見た真也は戻ってきてその子を押しのけて自分が座るんです。私が何もしていないのに、いきなり平手打ちでバンと顔を叩かれたこともありました。少し慣れてきて昼寝の添い寝をすることになったんですが、私が真也のベッドの横に行くと、毎回のように先生のところに走って行って先生に「一緒に寝よう」と言うんです。先生が「今日は向田さんが来てるから、向田さんと一緒に寝るんやろ」と言われると、こっちに来て私と寝るんです。毎回、儀式のように繰り返していました。施設の担当の先生の方針で時間をかけて交流させたいということで、半年かかってやっと3人での外出になりました。

　外出して私たちの家に来て初めて真也は私たちが自分のために来てくれていると思ったようでした。それから態度が一転したんです。施設の先生からは「向田さんが来ることを真也君は毎回楽しみにしてますよ」と聞いていたんですが、本人は素っ気なく冷めた感じに思えたんです。ところが外出してからは、私が面会に行くと真也は部屋から走って出てきてくれて、それが私には本当にうれしくて、それまで辛かったことが飛んで消えていくような気持ちでした。

　施設に帰る時に不機嫌になったり泣かれたりすると、とても辛かったです。他にも真也の食欲がすごくて必ずおかわりするんです。物によっておかわりがないことがあって「おかわりないよ」と言うと、蹴ってきたり皿を投げつけたりすることもありました。施設から外出して食事をしたときも、帰りの車で吐くまで食べるんです。だから外泊して家で食事する時は多い目に作って、好きなだけおかわりできるようにしていたら、そのうちおかわりもしないようになり、家でも施設でも落ち着いてきました。

ママと結婚しよう

ほどなくわが家での生活が始まりました。

その年の4月から幼稚園に通い始めたんですけど、なかなか落ち着くことができなくて保育室を何度も飛び出したり、園の外に出てしまったこともありました。担任の先生がいなくなると、近くの子どもを突き飛ばして、周りが「真也君が押した」と大騒ぎになると、先生が戻ってきます。それは先生の気を引くためにしているんです。このように施設でしていたことを幼稚園でもしていたんです。それでも元来明るい性格なので、仲よしの友だちができてくると乱暴することもなくなってきました。

夏休みが終わったころから、私への甘え方が上手になったと感じました。私を喜ばせようとして手紙をくれたり絵を描いたり、「ママ、これ好き」と尋ねてきたり、「結婚しよう」とまで言ってくれました。今から思えば入園前には私の方が必死になっていた気がします。

夏休みになって暑さのために私も手抜き気味になって、私の実家に行ったり、きょうだいや姪っ子たちと出会い、一緒に旅行に行ったりするうちに私の肩の荷も下りた気がしました。

それで真也もリラックスできるようになったのかなと思っています。

ボク、誰から生まれたんやろ

2学期になって10月のことです。幼稚園から帰ってきておやつを食べているときに、急に真也が「ボク、誰から生まれたんやろ。乳児院の先生やと思う」と言い出したんです。私はドキッとしたんですが、それはそのまま伝えるしかないので「乳児院の先生ではないよ。真也を産んでくれたお母さんがいるよ」と答えました。真也は「でも、赤ちゃんの時、

乳児院の先生がいた」と言うので、「真也を産んでくれたんだけど、お世話できなかったから、乳児院の先生にお願いしますと頼んでくれたんやで」と言ったら「お世話できなかったの嫌や」と泣きそうになったので、真也を抱っこして「乳児院の先生は真也のこと大事にしてむちゃくちゃ可愛がってくれて、写真もいっぱいあるやろ」と言うと、真也がアルバムを持ってきて2人でアルバムを見ました。

　次の日、幼稚園から帰ってきて手を洗っているときに「パパとママとおじいちゃんとおばあちゃんと、何々おねえちゃんと（従姉妹の名前をみんな言って）……」と言うので何を言い出すのかなと思っていたら「みんな家族なんでしょう」と訊くので、私が「そうやで」と答えると真也が「ボクはちがう」と言ったんです。私は何とも言えない気持ちになりました。祖父母はもちろん、従姉妹たちも年上なこともあって、真也のことを可愛がってくれています。真也も馴染んでいたし、そんなことを考えているとは思っていなかったので、私にはすごいショックでした。

　私が「真也はママから生まれたんではないけど、ママは真也のことを大好きやし、大事な家族やで。おじいちゃんもおばあちゃんも、ほかの人もみんなそう思っているよ」と言うと、「ボク、ママのおなかから生まれたかった」と言ったんです。その時も泣きそうになっていました。私はその時、丈の長い服を着ていたので、真也を服の中に入れて「真也ちゃん、出てきてよ」と言うと、顔を出すなりコロッと機嫌がなおって、ニコニコうれしそうでした。それから何日かして真也が「ママの赤ちゃん、いつ生まれるん？」と訊いてきたんです。「ママはお腹の病気で赤ちゃん産まれないねん」と言うと、「ふーん、かわいそうやな」と言われました。

　その時はわからなかったんですが、後で思い返してみると、幼稚園に通い始めて、友だちのお母さんが赤ちゃんを連れてお迎えに来ているのを見て、自分が赤ちゃんの時にお母さんに世話してもらってないと思ったんでしょうね。毎日のように赤ちゃんの話題を口にしていました。私

にとっては急な話だったけど、真也はずっと自分のことを考えていたんだなと思いました。

友達にもらした縁組前の名前

その後2、3年は何も聞いてこなかったんですが、最近になって「自分の名前は誰がつけたんやろう」とか「何でこの名前にしたんやろう」と言い出して、私が「産んでくれたお母さんがつけてくれたと思うけど、何でそうつけたかはわからないわ。家庭養護促進協会の人に訊いてあげよか」と言うと、「自分で訊く」と言うので協会に電話しました。私からも「あなたに強くて優しい人になって欲しいと思ってつけたんではないかな」と話しました。電話で直接話をしてからは何も言わなくなりました。

しばらくしてまた気になることが起きました。私自身も子ども時代にした遊びですが、学校で自分の名前を書いて「天国、地獄、大地獄」と順に言っていく遊びが流行って、真也はそれでいくと「大地獄」になるんです。真也はそれが嫌で悔しかったみたいで、仲よしの友だちに「ボク、本当の名前は○○やで」と縁組みする前の名前を言ってしまったんです。縁組み前の名前だと「天国」になるので、そのためにポロッと言ってしまったようです。

ところがその子に「おまえ、拾われたんか」と言われてしまったんです。そして他のクラスの子からも「拾われたん？」と言われたり、からかわれたらしいのです。私はその年頃の子どもだから意味もなくおもしろがって言っているようだし、大事にしたくはないと思って、真也にも知らんぷりしたらいいと言いました。するとその後、誰も何も言わなくなったのでホッとしました。ただ真也には「今回のことはとても大事なことだから、中学生か高校生になって、本当に自分が信用できる友だちにだけ話して」と言いました。

変更になった道徳の授業

　この一件を、子どもたちには何も言わないでという条件付きで、経緯を担任の先生には報告しました。その時に先生から「今度、道徳の時間で、生まれたときのことをお家の人に聞いてきて発表する授業があります。生まれたときに限定せず、話せる内容で結構です」と言われ納得していたのですが、その後いつの間にか発表の内容が「自分のいいところをお家の人にインタビューしよう」と変わっていたんです。身構えていたのに肩透かしを食らったような感じがしました。

　いのちの授業が里親さんの中でよく話題になるんですが、生い立ちについて子どもと一緒に考えるよい機会になると思っていたので、先生にそれとなく変更になった経緯を伺ったんですが、「真也君のことだけでなく他の要因もあってのこと」と言われました。

　真也と出会って5年ですが、交流していたときの頃からのことを色々思い出してみると、改めて真也のことが可愛くなって抱きしめたくなりました。

4章

子どもが語る告知
子どもは告知をどう受け止めたか

愛されて
育った私

柴田　美咲

生後8カ月で迎えられる

　私は特別養子縁組で養父母と親子になりました。その後、3歳年下の男の子も特別養子縁組をしたので、4人家族ですが4人とも血のつながりはありません。私が両親（養父母）と出会ったのは私が生後8カ月の時でした。父は43歳、母が34歳の時でした。当時、父はトラック運転手、母は専業主婦でした。父は大らかな性格で私が何をしても受け入れてくれる優しい人でした。そして涙もろいところがありました。母は曲がったことが嫌いで、真面目で正しく生きるというタイプでした。

　両親は子どもができず、不妊治療もしたのですが叶わなかったので、実子は諦めました。

　神戸新聞の「あなたの愛の手」欄を毎回見ていたところ、私の記事を見た父が早速、家庭養護促進協会に連絡したそうです。私は当時、気管支ぜんそくと首が傾く症状（斜頸）があったので、協会のワーカーさんから事情の説明があって「大丈夫ですか？」と訊かれたんですが、両親は「気にしない」と引き取ってくれました。その後、私が「弟が欲しい」と言ったので弟を育てることになったんです。

神から授かった子どもと聞かされて

　真実告知については、両親は小さい頃からことあるごとに話題にして
いたと思います。母はクリスチャンなので「美咲は神様からの授かりも
のやで」と言っていました。それが私にすり込まれて、「産みの親とか育
ての親という感覚ではなく、神様から授かった子なんや」と思っていま
した。

　母は私の年齢に応じて私が養子であることを話してくれました。それ
を自然に受け止めていたので、小学生の頃に友だちに「お母さんとちが
うねん」みたいな話をしていたようです。友だちのお母さんから「美咲ちゃ
んが、こんな話をしているよ」と心配して母に教えてくれたという笑い
話もありました。

　中学生の頃、「核家族」をテーマにした授業がありました。その時に担
任の先生が「家族は血のつながりだ」と説明されたんです。

　その時、私は幼いながらも凄い衝撃を受けて泣いてしまいました。そ
したら友だちが「美咲は美咲やねんから、そんなん関係ないやん」と言っ
てくれました。

　でも私はその一件を両親には言えなかったんです。それを聞くと両親
も悲しい思いをするだろうと考えると話せなかったんですね。しばらく
してから、母にその話をしたら、母が学校に連絡をして、校長先生と発
言をした担任の先生が家に謝罪に来てくれました。学校の教師として多
様な家族の形があることを知ってほしいというような話を母がしていた
記憶があります。

反抗期の私を変えた母子手帳

　私が育った地域は郊外だったので幼・小・中とクラスメイトは顔見知

りで、私のことを理解してくれている友だちばかりだったのに、高校で大規模校に進学したので、周りは私のことを知らない人ばかりだし思春期の不安定さもあって、私は荒れていました。周りの友だちは夜でもアルバイトしているのに私には許しがでない。いつしか「本当の親だったらOKしてくれるのに……」と思うようになりました。そんな思いを私は母にぶつけていました。生みの親を肯定することで、両親（育ての親）は反論できないだろうし、ダメージを受けることをわかっていて、当時の私は反抗していました。

その反抗期が落ち着いたきっかけは母子手帳でした。それまで私は母子手帳を見たことがなかったのですが、どうしても見たくなって、探しまくって手帳を見つけました。私には母子手帳を見れば、この混沌とした状況が何か変わるという思いがあって探したんです。

手帳には生みの母親の名前と年齢が記してありました。その名前の「美」という字を見て、私にも同じ字を付けてくれたのは、どういう事情かわからないけど母親なりの愛情があったんだと思えて、ちょっと気持ちが落ち着きました。その後、母に母子手帳のことを話したんですが、母はもう少し後で私に見せようと考えていたようでした。

生みの母について知ること

私の周りの友だちの親子って、顔が似ているし声も似ているのに、私の場合、両親とは顔も、声も似ていないので、親子に見てもらえないことが多かったんです。私は親子が似ていることがうらやましいと思っていました。だから産んでくれたお母さんに会いたいと思っていたのです。それを母に伝えたら「20歳になってもその気持ちが変わっていなかったら、家庭養護促進協会のケースワーカーのYさんを訪ねなさい」と言われました。

　実際に20歳になったから協会を訪ねたかというと行ってはいないのですが、「訪ねることができること」を知っただけで気持ちがすっと落ち着いたことを覚えています。それ以後も生みの親がどこでどんな暮らしをしているのか、新しい家族ができたのかなど、気になることはありますが、追及することはなかったです。

　後になって、この話をYさんにした時に、私の生みの母はとても若く私を育てられる環境ではなかったことを知りました。私は常々、生みの母が私を産んだことを後悔しているんではないかとか、私は望まれない子だったんではないかと思ってきたんですが、こんなに健康な心身に産んでくれたのは、例え短期間でも愛情を込めて育ててくれたのだろうと思えて、少し気持ちが晴れました。

　大人になって結婚して、今、2人の子どもを育てていますが、私が子どもを叱るとき、私の母が叱っていたそのままの言葉で叱っているんです。親子って考え方とか話す内容とかが、一緒に暮らすことで似てくるんだと今になって思います。中学高校時代の多感な時期に、そんなことを考えることはできなかったです。

深夜の帰宅時に両親の愛を実感

　私が両親に初めて感謝したのは、社会人になってからでした。高校や専門学校に進学させてくれたことも当たり前のように思っていたんです。

　私は福祉関係の仕事をしていて、早出、遅出、夜勤と様々な勤務があるんですが、どんな時間に帰ってきても必ず誰かが「お帰り」と言って迎えてくれるんです。

　ある日、深夜に帰宅したら家に灯りがついていて、父はソファーで母がカーペットでうたた寝をしていたんです。私が「寝ててくれてもいいのに」と言うと「灯りがなかったらさみしいやろ」って言うんです。そ

の時、両親の愛を感じました。それまでいっぱいの愛情を受けていたことも分かって衝撃を受けました。これまで私が母に厳しく育てられたのも、すべて愛情から来るものだったんだなと気づきました。両親と年齢差が大きいし、親も私も不器用なのですれ違うことが多かったのですが、その頃から愛情を感じ、感謝をすることができ、両親にちゃんと向き合うことができるようになったと思っています。

　私は母とケンカをすることが多かったのですが、母に対して嫌なことをいっぱい言ってきました。「生みの親のところに帰りたい」とか、「こんな家にいたくはない」「出て行きたい」とか言って母を傷つけてきました。それは母がどこまで私を受け入れて、どこまで許してくれるのか試していたように思います。里子や養子が小さい頃に試し行動をするという話は聞きますが、私は高校生にもなってそれをやっていたんですね。でも母は、絶対手を離すことなく向き合ってくれました。

子どもを生んで知った両親の偉大さ

　そんな厳しかった母も今は菩薩のように優しくなっています。そのきっかけは、私の妊娠出産でした。私は25歳の時に出産したのですが、誰よりも喜んだのが母でした。目元が似てるなとか、きれいな赤ちゃんやなとか言って、育児ノイローゼになりかけていた私と違って、母はいつもニコニコ顔で接してくれていました。今、親になってようやく両親が抱えていた悩みがわかるようになりました。

　今、2人の子どもを持って初めて思ったことは、両親の偉大さと愛です。父は私を甘やかしてきたのですが、神戸新聞の「愛の手」に申込みしたのも父だったし、おじいちゃんと孫ほどの年齢差があって考え方も大きく違うのに私のためにはすぐに行動してくれる本当にいい父親です。

　一方、母はとても細かい人間で、私と出会う前から日記をつけていて、

私を引き取った日の天気や着ていた服の色まで記録していて、それを読むと母の気持ちが伝わって、感極まります。

　乳児期の私は体も弱くて入退院を繰り返していたようですが、あるときの入院の記録も克明に記されていました。それで私も母を見習って1日1行、日記を書こうと思ったのですが、1週間もしないうちに終わってしまいました。いかに両親が私を喜んで受け入れてくれたか、しみじみわかりました。私が幼稚園の時に書いた意味のわからないような手紙とか、小学校時代のなんかの賞状とか、そういった物をすべて置いてくれています。私にとっては特別な思い出があるものではないのですが、両親にとっては宝物なんです。

　先日、母から「思い出の品を譲るわ」と言われたのですが、私が一言「いらんわ」と言ったのです。さみしそうな母を見て悪いなと思い、3点ほどもらいました。

　反抗期や一番対立していた時期には、両親に自分がどんな人間なのか尋ねることができなかったのですが、今、親になって少しずつ「私ってどんなふうやった？」と尋ねられます。そしたら全部答えてくれるんです。私が全く覚えていないことでも、何歳の時に大きな病気をしたとか、ケガをしたとか話をしてくれます。

　そんな中で、私が親を傷つける言葉を言ったり、困らせることをしても、どうして私を突き放さなかったのか尋ねたことがあります。答えは養子縁組をする際に「子どもを手離してはいけない」という約束をしたからだと言うんです。それに続けて、「子どもが親から離れることがあっても、親が子どもを手離すことはない」と言ってくれ、「仮にどんな嫌なことがあっても、子どもに出会って可愛いかった時のことを思い起こせば、可愛さの方が勝る」と言ってくれました。

繰り返し伝えてほしい親の思い

　私自身が 10 代の頃、20 代の頃を振り返っても、年代によって親への思いは全く違います。

　これから自分の子どもが反抗期に入ったら、私はもっと親に感謝する気持ちが強くなるだろうと思っています。

　真実告知については、養子という私の立場からすると、当の子どもにどういう事情があったのか、養父母がどんな気持ちでその子を迎え入れようとしたか、はっきりと話をして欲しいと思います。

　今は、多様な家族の形がある時代です。あえて生みの親・育ての親という表現をするとして、生みの親のことを知る権利が子どもにはあると思います。おそらく成長過程で何度も親のことを尋ねたり、自分の乳幼児期のことを尋ねると思います。そんな時に両親がどんな思いで子どもを育ててきたか話をして欲しいと思います。私も両親から「美咲が家に来て本当に嬉しかった」という言葉を何回も聞きましたが、その都度うれしかったです。

　子どもは歳を重ねるにつれて、自分が本当に望まれて生まれてきたのだろうかとか、親が望むように育っているのかとか考える時期があると思います。親にとっても、いつも 100% 可愛いということはなく、迷うことや嫌なこともあるでしょう。そんな時は、親子になろうと思った日のこと、子どもを引き取った日のこと、その時の気持ちを思い起こして子どもさんに伝えてあげて欲しい。それで問題や苦難は乗り越えられるとと思います。

たくさんの里親子との出会いとサポート機関の重要性

　それと、できれば、同じ立場、同じ年頃の子どもさんと出会える機会をつくってほしいと思います。これは私の経験から思うことで、家庭養護促進協会の行事などで同年齢の子どもと出会うことができてよかったと思います。特に家庭の様子を話す訳ではないのに、何となくわかるんです。学校の友だちには自分と同じ境遇の子どもはいないけど、ここにはいる。自分は一人じゃないという安心感みたいなものがありました。

　子どもを引き取った後、子どもの成長に合わせて、悩みもいっぱい出てくると思います。

　そんな時は夫婦2人だけで悩まずに、協会のような相談機関に相談したり、同じ立場の里親・養親さんと親しくなって話ができるようになっていたら安心かなと思います。

生活は人並みに、人生の楽しみは人並み以上に

溝口　たかし

ぽんぽこキャンプは僕の基盤です

――どんな子ども時代だったの？

　ごんたくれやったと思います。動物が好きでしたし、インコとかいろんな鳥や動物を飼っていました。小さいとき、家庭養護促進協会に行ってたのは、よく覚えていますよ。

――たとえば、キャンプとか？（注：毎年夏に開いている里親家庭の２泊３日のキャンプ。通称、「ぽんぽこキャンプ」）

　キャンプはもう僕の中では基盤やと思います。やっぱり夏は「ぽんぽこキャンプ」ですよ。僕はひとりっ子なんで、恥ずかしがるっていうか、人見知りすることが多いんです。でもキャンプへ行くと、１時間もせんうちにみんなで話したり、わいわい楽しくやったり、けんかしたり。２泊３日やったけれども、３日間はめっちゃ早くて、帰る時になったら寂しくなった。小学校ぐらいから中学校まではみんな一気にでかくなるみたいな感じがする。気が付いたら高校生とか、受験だとか。久しぶりに参加したらずいぶんしっかりしたなあと思いました。小さいときは楽しいだけのキャンプだったけど、歳がいってきて家庭養護促進協会が何で存在しているのか、そういうのがわかりながら、またキャンプに参加していった。中学校３年か高校生ぐらいから、ちょっと見方が変わってくる。

　僕、考えさせられるなって思ったのが、３回ぐらい前のキャンプに行った時に、なんかの拍子で、「俺はお母さんおらへんから」とか、「俺もおらへん」とか、小３ぐらいの子がさらっと言ってた。それを聞いたのが

68

結構ショックやったね。そのことを聞いたときは、いろいろ考えました。あの子らはどういうふうに生活しているのかはわからへんけれども、何かを心のなかにずっと持ちながら育っているんだろうかとかね。そういうことを僕に話をするというのはすごい意義深いキャンプやなあって思いました。ただのキャンプやないですもんね。その時ぐらいから内容を真剣に考えるようになりました。

──自分が養子という立場はいつ頃知ったの？　お父さんとお母さんが話をしてくれたの？

　そうです。小学校3年生ぐらいやと思います。簡単に話してくれました。でも特別に場を作って話をしたことはありません。ぽんぽこキャンプの話から、何でぽんぽこキャンプに行けるのかという話のなかに、ぽんぽこキャンプってこういう子どもたちが参加しているという話がでますよね。で、僕も養子の立場やなって気がついた。小学校6年生ぐらいのときにきっちりというか、はっきり自覚してきた。自分のなかに養子っていう立場があるんだけど、お父さんとかお母さん（注：生みの親のこと）がどっか他におって、僕はここに住まわしてもらってるとか、そんなこと全く感じなかった。僕には物心ついたときからお父さん、お母さんがずっといるしね。だから、「まあ、そうか」って感じですかね。生みの親のことがちょっと記憶に残ってるんだったら、また別だったと思うんですけれども、僕にはなんにも記憶がない。お父さんとお母さんはお父さんとお母さんやし、母親以上ではないし母親以下でもない。父親も同じ。高校になったら「お父さんてどんな人？」って聞かれたら、「まじめで僕のこともよく考えてくれてるけれども、口べた」って答えてた。僕みたいに全然しゃべらへん。ほんま口が固いですわ。

　お母さんは、僕が中学校の時に悪いことしたりすると、怒ることは怒るんですけど、感情的になることは絶対なかったですね。でも、中学生などが親に向かって「あほ」とか「ぼけ」とかいうじゃないですか。ほ

んで1回「ぼけ」とか「あほ」とか言って、それがエスカレートして「もう、死んでまえ」って言うたんです。その時母親はかなり怒ってましたね。そんなに泣かない人ですけれども、1回か2回ぐらい僕の前で怒りながら泣いたことがある。僕がめちゃくちゃ悪いことしたから。もう、涙ためながら怒っていました。その時は「うわっ、言うてもうた」ってめっちゃ反省しました。中学生になったら言うたらいかんこととか、本当はわかっているんですよ。それから、何か感情的になって、僕むっちゃ怒っても「死ね」とはもう言わなかった。

何かある方が人生の幅ができますよ

――お父さん、お母さんにはどんな風に育てられたと思う？

　ある程度自分のことは自分でせないかんっていうのは、昔からよく言われてました。ロボットにはなったらいかんと。親の背中みて育つというのは僕はあんまりなかったと思うんです。親の考え方そのままではなくて、親が何かを考える方法っていうのを教えてくれるのが一番いいと思うんです。親がするその通りにしてしまうんではなくて、どういう方法があるのかを教えるやり方が僕の親やった気がします。お母さんは全然物欲がない。もちろんお父さんも物欲もなんもない。僕もあんまりない。それは似ていると思うんですよ。物欲よりも精神的に満たされるほうがいいなあっていう感じかな。物が欲しいよりも、どっかへ行ってみたり、聞いたり、体験したい。誰しも絶対に変えられへんとか、絶対に譲られへんという芯がどこかにあると思うんですよ。その芯の部分さえしっかり押さえておいたら間違わへんと思いますし、芯の部分を作るのはやっぱり親じゃなくて自分なんですね。その芯の作り方を教えてくれるのが親ですよ。この親のおかげで、こういう僕の芯ができたんやと思いますし、それが間違ってないと思うのです。

僕は今まで生きてきて、こういう生き方でよかったと思いますしね。僕は養子という存在で生きてきたから、こうなってきたと思うんですよ。でなかったら、あっけらかんというか、人生薄っぺらく生きてきたような気がするんです。何かあるほうが人間としての幅があるなと思う。でも、僕に子どもができたら、その子どもにはしんどい思いをさせたくないなとか、いろいろ考えたりしますね。

———小学校３年生ぐらいから養子だとわかりだして、そのことを考えると意識した？

　学校の理科の授業で、血液型の勉強するでしょ。うちのお父さんお母さんＡ型で僕がＡ型やからなんも問題ないんですけど、そういうとこから、さらっと頭のなかで、「あー、Ａ型でよかった」とか思ったりします。でも、僕が養子じゃなかったらそんなこといっさい思うわけないじゃないですか。そういうことを思うのが良いのか悪いのかわからないですけれども。僕はそれでいいと思ってますけれどもね。戸籍謄本などをとらなあかんときとか、なんかの書類がいるときには、やっぱり意識はしますね。「養子」と書いてあるから意識はするけれども、それはしょうがないもん。かえって親の方が気にしてます。

———友だちには、養子だということは話してる？

　友だちには、１人しか話してない。やっぱりそれなりのやつでないと話が受けとめられへん。「僕は養子なんやー」って話した時、そいつは言葉なくしてしまった。言葉なくすっていうか、そいつも事情があって、わけわからず泣いてましたけど。

僕はちゃんと育てられた自信があります

———自分がどうして養子になったとかの話を、親に聞いたことは？

　いや、ないです。全く。知りたいと思うときもありましたけど、生み

の親がどんな人とか、他にその人の子どもはおるんかとか、ふとした瞬間に思ったりしますけれどもね。僕は親に聞こうとは思わないですね。気を使っているのかもわからへん。僕の気持ちのなかで「聞くもんじゃない」って思っているんでしょうね。だからこれからも絶対聞くことはないですね。

　自分で調べようとも思わないですね。今は。知りたいとか、興味とかないですから。やっぱり、生みの母がいるとしても「なんやねん」って思うだけですから。僕としては自信があるんでしょうね。親の育て方がよかったから。なんも満たされてなかったらいろいろ考えると思いますよ。「この親に育てられて最悪やった」という気持ちがあれば、たぶん生みの親ってどんな人だろうかとか、きょうだいはいるんだろうかとか考えたりするんでしょうけれどもね。僕、そういうの思ったことないんです。

——福祉を学ぶ学校へ進んだのは、どういう思いがあったの？

　家庭養護促進協会っていう存在があったということもありますし、自分が養子だというのもあります。僕は児童福祉の方がほんまはやりたかったんです。自分みたいな子どもがどういうふうにして育っていくのか、僕も育ってきたからわかってるんですけれど、何かを背負って生きていかなあかんっていうのは、どういうことなんやろなあって。僕も養子やけれども、ちゃんと育てられたという自信がある。でも、自信のない子っていうのはやっぱりいるので、自信をもって人生歩んでいける手助けができたらと思った。

——働きだしてから、お父さんがすごいがんばって仕事してたんやなっていう
　　ことを、意識したんだって？

　ほんまにそう思いますね。並大抵じゃできないですね。中学出て働いてるっていう人は、それなりにしんどさを味わっている。その人たちから得られるものっていうのはすごくあります。配管の仕事とかやってたら、言葉使いとか荒いけれど仕事をきっちりして金をもらっているとい

72

う意識がある。大学生で、バイトで時間経つのを待ってたらバイト料もらえるっていう人とは、まったく違うと思います。家族を養っていかないかん人もおりますから。働いてるといろいろ得るものがあります。「生活は人並みに。人生の楽しみ方は人並み以上に」です。

◉　ぽんぽこキャンプ　◉

（公社）家庭養護促進協会神戸事務所が、里親家庭の親睦・交流を目的に、夏休みに開催している２泊３日のキャンプ。

里親家庭で生活している中学生・高校生を中心に、大学生や社会人のボランティアを加えた通称「グループぽんぽこ」のメンバーがキャンプのリーダーとなり、それぞれが役割を分担し活動している。小さな子どもたちにとっては、将来ぽんぽこのリーダーになるのが一つの憧れにもなっています。

誇りをもって
子どもを育てて

内川　ひろし

養子であることを自分から友だちに話した

──養子であることは、いつから知っていましたか？

　僕の場合は、幼稚園や小学校の時から養子と告げられていましたが、それが何を意味するのかは、理解してなかった。初めて養子ということをしっかり理解したのは、中学校の３年生ぐらいの時です。その時、自分が養子であっても、今まで育ての親がちゃんと側にいてくれたから、他人に養子だと言われても何てこともない。生みの親がわからなくても、育ててくれる両親が２人いるからそれで充分満足なんです。小さいときから父はよく遊んでくれました。父は養子ということを全く気にせず話してくれるいい話し相手という感じです。

──友人関係でのトラブルや、いじめられたことは？

　いじめられたことはありませんでした。いじめに養子かどうかということは、関係ないと思います。友だちは僕が養子であるということでよく慰めてくれます。でも、なぐさめてくれること自体がおかしいと思う。養子といっても生みの親がいないというだけで、あとは、他の人となんら変わりない。僕は養子ということを自分から得意げに話していたので、友だちもなぐさめるのがあほらしくなっていたようです。自分が悲しくないものをなぐさめられてもしょうがない。

　養子ということを友だちが初めて知ったのは、修学旅行の時に保険証の写しを見たときでした。周りの友だちは、みんな驚いて「お前大変なんやな」と言ってた。今まで、そんなこと深く考えたこともないし、思っ

たこともなかったです。いちいち答えるのもめんどくさくなってそれやったら自慢げにしゃべっとこうと思ったんです。

——生みの親を探したいと思ったことは？

　育ての親がいるのにわざわざ生みの親を探すのもしんどいなと思う。自分が探したくなったら、探すでしょう。育ての親がちゃんと可愛がって育ててくれたら、そんなの聞いてもどうということはない。養子ということを小さい頃から聞かされるのは、いいことだと思います。聞き慣れてくるから。

養親は誇りを持って子どもを育てて

——大人にはどういうふうにしてもらうのがいいと思う？

　親が気にしないで、自分の子として接してくれたらいい。養子ということで、親が騒ぎ立ててたら子どもはよけい不安になる。養子は、生みの親がいる子となんら変わりないと思っている。養子ということが強調されると迷惑なんです。そうされる方が、差別を受けている気になってくる。自信もって育ててくれたらいいと思います。

　もし、自分が今の両親に出会えずに、ずっと施設で大きくなっていたら、どうなっていたんだろうと時々考えることがある。生みの親じゃないけど、養子になって、ちゃんと家があり両親に育てられるなら、間違いなく施設で育つより養子の方がいい。そうすると、養子で何が悪いんだという考え方になる。親が養子を気にしていたら子どもも気にしてくる。僕の母親なんか僕が養子だいうことを難なく口にしますから。

——“養子”ということは他人に隠す必要もないが、誰にでも言う必要はないのでは？

　尋ねられたときは、答えればいいと思います。いちいち「この子は養子です」と言って回る必要はないけどね。僕は小学校の時に初めて養子

だということを聞いたが、その時は、友だち全部に「おれ、養子やねん、お前らとちょっと違うんやで」と言っていた。

　子どもはしゃべりたかったら、親がいくら話すなと言っても話しますよ。嫌なことだと思ったら、子どもは絶対しゃべらない。親が知られては嫌だと考えること自体が、養子と実子を区別しているということではないですか。別に区別する必要はないと僕は思うんです。自分が養子だというのは、自分はお父さんとお母さんの子どもだといってるのと同じです。だから養子と実子を区別されることが僕は嫌ですね。子どもが養子だということを、他人にしゃべりたいならそれでいいのでは。養子を育ててるって言われたからって、その子が変わるわけないでしょう。

　子どもだって自分が養子だとわかったときに、悲しく思ったり、悲観的に考える子どももいると思います。悲観して、養子がグレるとかいいますが、それは、育ての親に満足してないということだと思う。親が養子を育てていることで、少し後ろめたい気持ちがあるのなら、それを子どもは敏感に察知します。養親は、もっと誇りを持って子どもを育ててほしいと思う。

自分の帰れる場所が
"家族"

大塚　紗和子

阪神大震災の前日に迎えられて

　わが家の家族構成ですが、父、母、兄、私の4人家族です。3歳上の兄は1歳6カ月の時に大塚の家に迎えられ、私は2歳になってまもなく今の家族に迎えられました。そしてその翌日、あの阪神大震災が起きたのです。当時の記憶は全く残っていないのですが、その頃はよく泣いていたそうです。両親の話によると支援物資のおにぎりを口に持って行くと泣き止んで、おいしそうに頬ばっていたそうです。

　私の家族は明るく楽しい家庭です。父はとても真面目で人思い、何事にも一生懸命に取り組む人で、家族をいつもサポートしてくれます。縁の下の力持ちです。母はいつも明るく前向きで、人を喜ばせるのが好きです。また何でも器用にこなせるのが母の長所です。私が幼稚園の頃、お友だちの手提げ袋やキャラクターのぬいぐるみなどをサッと作ってあげたりしていました。

　私の家では家族・親戚が集まってホームパーティをよくしていました。そのお陰か、私は幼少時から他の人と話すことにあまり抵抗がなく、コミュニケーションをとるのは得意でした。

同じ養子の兄の存在

　小学校低学年の頃、私が苦手な同級生からいじわるをされて悩んでいた時に、兄は当時6年生でしたが、私の知らないところでその子たちを

呼び出して「ええかげんにせ～よ」と叱ってくれたようです。それから
はピタッと収まって、安心して学校生活を送ることができました。高学
年になった時に、隣の小学校の子どもが私のことを「養子や」と言って
いるという噂を聞きました。私はどうしたらいいか不安になったので家
族に相談しました。

　そしたら「何を言われても動じない。肝を据えることが一番大事。そ
れがどないしたんやぐらい言うたれ」と兄が助言してくれました。私は
周りの友だちには自分が養子であることは伝えていたので、「その友だち
から外に漏れることもあるやろ」と母から言われた記憶があります。兄
とはよくケンカもしましたが、兄がいてくれて本当によかったと思って
います。その兄も今は結婚して家を離れています。

　家庭養護促進協会の「ぽんぽこキャンプ」や正月の「初笑い大会」に
は家族で毎回参加していました。そこで出会った友だちとは親交を深め、
家族ぐるみの付き合いにもなり、一緒に旅行もしたりして楽しい思い出
がいっぱいできました。

「私はウサギから生まれてきたんやね」

　私が告知を受けたのはおそらく４歳の頃だったと思います。テレビの
子ども番組を見ているときに、動物の出産シーンがあったんです。その
時にお母さんに「私はお母さんから生まれてきたんやね」と訊いたんで
す。すると母は「ちがうよ」と答えたんです。「じゃ、お母さんは？」と
訊くと「お母さんはおばあちゃんから生まれたんやで」と言ったんです。
その時、私は「ああ、そうなんや」と漠然と思っただけでした。その年
齢では奥深くまでよくわからなかったのかなと思います。だから「私は
ウサギから生まれてきたんやね」とうれしそうに言ったそうです。

　その後、成長していく中で、何となく自分は友だちと違うのかなと思っ

ていました。小学校4年生の時に、学校で成長記録アルバムを作る学習があったんです。その際に、名付け親は誰かとか、生まれたときの体重や様子、赤ちゃんのときの写真などの項目があったんです。それまでにも自分の生まれた時の写真がないことを不思議に思っていたのですが、その時はクラスの友だちを羨ましく思った記憶があります。一方で、楽観的な私は、母とあれこれ話を作り上げていくのが楽しかったです。

疑問に思ったことはためらわずに話した

　小・中学校時代、たくさんの友だちができましたが、家庭養護促進協会を通じて知り合った友人の存在は私にとって大きなものでした。学校以外での友だちがいるということだけでなく、協会の色々なイベントへの参加や、家族ぐるみで遊びに行ったりしたことで、お兄ちゃん・お姉ちゃんが増えた気がしました。私が父母から養子であることを知らされた時も、協会で出会う子どもたちが同じ境遇の友だちだと知ってホッとしたのだと思います。

　思春期に入るとメディアなど外からの情報もあるし、実親に対する想像も膨らんでいきました。私を産んでくれた人はどんな顔をしていたんだろうとか、なぜ私を育てられなかったんだろうとか、いろんなことを考えました。

　その頃、一般の人の依頼でテレビ局が人探しをし、対面する番組がありました。それを観ながら、もし自分にその機会が与えられたらどうするだろうと思い、自分は会いたいのかな、逆に会いたいと思われているのかな……といろいろ考えました。そんな番組も家族で見ていたので、自分が思ったことや感じたことは、その都度、ためらうことなく話題にしていました。何でも話し合えることがよかったと思うし、それだけ普段から両親とコミュニケーションが取れていたんだなと思います。

料理人を目指すきっかけになった留学体験

　大学卒業後、どうしても留学の夢を果たしたくイギリスに半年間留学し、語学学校に通いながらホストファミリーとともに生活をしました。私が滞在していた家には、オーストラリアとイタリアとノルウェーからの留学生がおり、ホストマザーはアイルランド出身でとても明るくユニークな方でした。夕食時に、私たちはイギリスにいるけどみんな出身国が違うねということから、お互いの国の紹介や価値観、過去のエピソードなど、会話の絶えない家でした。

　私は料理が得意だったので、彼女たちに料理を振る舞いました。日本の家族と遠く離れたイギリスのホストファミリーで、自分の思い出の味を一緒に食べていることが不思議だったし、幸せな気持ちになれました。当時の私の会話力は未熟だったのですが、料理を通じて距離が縮まったことが自信に繋がったと思います。

　ある時の語学学校で、自分の選んだカードの裏に書いてある単語を使ってスピーチをするという授業がありました。私のカードは「レストラン」でした。カードを選んでからスピーチまでの時間はごくわずか。みんなの前でスピーチを始めました。私は、自分の料理を通して少しでも幸せな時間を提供したい、海外で日本料理を食べると料金が高いので、もっとカジュアルな日本料理店を将来持ちたいと宣言したのです。その瞬間、料理人を目指す私の旅が始まったのです。オーストラリア人シェフのもと、イタリアンレストランで働く2年間、語学と料理の勉強をしました。

カナダでの出会い

　その後、カナダのバンクーバーで日本食とフレンチの融合をコンセプトにしたレストランで働き、同僚に影響を受けて、カナダのオタワにあ

るフランス料理の学校の扉を叩きました。

　ある時ルームメイトのカナダ人の女の子が、自分は生みの親ではなく祖母に育てられたという話をしました。彼女が10歳になった時、突然母親が迎えに来たそうです。おばあさんから「この人があなたのお母さんだよ」と言われたのですが、彼女は「私にとっての母は一人しかおらず、それはおばあちゃんだ」と言ったそうです。なかなか状況を理解出来なかったと言っていました。その後、その母に連れられ、ウガンダからカナダに移り住んだそうです。

自分の帰れる場所が "家族"

　彼女が話してくれたことがきっかけで、私自身、自分がどんな環境で育ったのか改めて考える機会ができました。今、思い返してみると、困ったことがあれば素直に助けを求めていたし、自分の話にいつも耳を傾けて聞いてくれる両親に恵まれたことに改めて気づかされました。感謝という言葉だけではとても足りないと思っています。

　私は両親と出会い、すごく幸運だったと思います。世の中にはいろんな家族があります。また、施設で過ごす子どもの中には18歳まで施設で過ごし、その後は一人での生活をしなければならない子どももいます。人生において家族というものは必要不可欠だとつくづく思います。家族は生まれて初めて人間関係を学ぶ場所でもあって、そこで人との信頼関係を築くこととなり、他者に対する思いやりを学ぶ場所なのだと思います。ここにいていいんだと思える場所、外の世界に出るといろんなことがあるでしょうが、自分には帰ってこれる場所があると思える場所が、"家族" だと思います。

ＤＮＡより環境、ＤＮＡより愛情

　里親制度というのは子どもにとって希望に繋がるものだと思います。子どもは親を見て育つと言われますが、本当にその通りだと実感しています。私は年々母に似てきたようで、母と海外旅行に行き2人で歩いていたときに、前から来た男性がすれ違いざまにクルッと振り返ったことがあって、どうやら私たちが双子に見えたようです。直後、2人で顔を合わせて爆笑しました。またつい最近のことですが、カナダに住んでいる友人とビデオ通話をしている時に母が急にその通話に入ってきたんです。友人は母と初対面だったのですが、雰囲気がよく似ていると言っていました。

　私は今、飲食関係の仕事をしていますが、休日を利用して月2回カフェを出店しています。私が店長で、母が副店長です。先日、お客さんから「姉妹ですか？」と訊かれました。母はとってもうれしそうでしたが、私はそんなに老けて見えるのかと内心複雑な気持ちでした。環境によってこんなにも似てくるのかなと思います。

　最近、DNA鑑定などの言葉を耳にしますが、誰の子どもと言うよりも、その子のことを愛おしく思えたらそれだけで立派な親だと思います。「親」という漢字は「木の上に立って見る」と書きます。私たちのことをずっと見守ってくれるのが親だと私は思います。そして何よりも自分自身が幸せでないと相手を幸せにはできないだろうし、両親が幸せでないと子どもは幸せになれないと思います。いつでも話し合いができ、話題を共有したり、コミュニケーションをとることが大事だと思います。

　最後に、DNAより環境、DNAより愛情だと思います。

抄訳 アメリカの告知の本から

あなたの養子や里子に真実を伝える

アメリカの取り組みから学ぶ

　アメリカで2015年9月に出版され、版を重ねている告知に関する本
『Telling the truth to your adopted or foster child—making sense of the
past』（あなたの養子や里子に真実を伝える—過去を意味あるものにするため
に）の抄訳を紹介します。

　著者はベッツィー・キーファー・スモーリー、ジェイン・E・スクーラー
の2人からなり、ベッツィーは、トレーナー、カリキュラム開発者、ジェ
インは最初は里親として、次に養親として、養子縁組の専門家および教
育者として25年以上の経験を持ちます。

　複雑な過去を抱え、しばしば痛みを伴う過去を持つ養子や里子に対し
て、適切なコミュニケーションをとるためのアドバイスが書かれており、
子どもたちが過去を理解して健全な人生を歩むための支援の方法が示さ
れています。

　アメリカと日本では親子関係や文化的背景も異なり、告知に関する考
え方や方法も日本とは異なります。ここで紹介する内容も原著を簡略に
まとめたものであり、原著の内容を充分に伝えているとは言い切れません。以上のことを考慮しながら告知の参考としてください。

原著：『Telling the truth to your
adopted or foster child—making
sense of the past』 Betsy Keefer
Smalley and Jayne E. Schooler.©
2015. ABC-CLIO, LLC

子どもの年齢や発達段階に応じた告知のあり方

誕生から7歳まで

▼ 子どもの目から見た養子縁組

子どもは成長するに従って、養子の概念をより理解できるようになります。喪失感（生みの家族を失ったという感覚）や拒絶感（生みの親が子どもを育てることを拒否し、手放されたという感覚）が子どもの時代の後半になって影を落とす子どももいます。この喪失感と拒絶感が思春期の子どもの興奮や楽しみを奪うこともあります。

この章では子どもの発達に応じて養子という経験をどのように捉えているかを考えます。養親はこの養子縁組という繊細で微妙な物事を発達に応じてうまく話し合えるように準備しておくことが必要です。

幼児期〜誕生から3歳まで

エリック・エリクソン（アメリカの心理学者）によると幼児期の最も大切なことは基本的信頼感を育てることです。ニーズが何度も何度も満たされると、子どもは自分のニーズが満たされることを覚え、ニーズを満たしてくれる養育者との間に愛着を形成していきます。

幼児期には言葉を獲得していきます。子どもが理解できる言葉というのは自分が話せる言葉よりもずっと多いのです。このことは養子にどんな影響を与えるでしょうか？

3歳未満の子どもは、養子縁組に関する適切な言葉を耳にし、その言葉に馴染んでいくことが必要です。

たとえば「本当のお母さん」というより「産んだお母さん」という使い方を始める必要があります。なぜなら子どもは成長するにつれて、言葉の意味する内容を理解するようになってくるからです。言葉の使い方が重要になってきます。

▼ 縁組みに対する子どもの見方

　養子縁組というのは大変抽象的な概念です。この概念を理解するには基本的な人間の性に関する理解が必要になります。しかしそんな概念は幼児にはまだわかりません。

　さらに大切な人や物を「手放す」という概念も小さな子どもたちにとっては難し過ぎることです。この時期の子どもにとって、養子縁組という概念を理解することはあまりにも早すぎるのです。

　この時期は生みの親や自分自身のこと、養子縁組のことなどを肯定的に受け止められるよう、基本的な枠組みを作ることが必要です。養親の中には、トラウマや突然の喪失を経験している子ども、施設入所や虐待を経験している子どもを養子に迎えた養親もいます。

　養子に迎えられる子どもたちは安全で予測可能な世界を学ぶ代わりに、自分のニーズを満たしてくれる養育者に頼れないことを学んでいます。

　パニックや苦痛を言葉で表現できない子どもたちは、自分の感情を行動で伝えようとします。施設入所や虐待、突然の喪失や離別を経験した幼児たちは「世界は信頼できない、危険だ」という風に学習しますが、そういった感情を忘れる前にもう一度、じっくりと向き合い愛情をもって育て直されることが必要です。一度抱いた不信感はそう簡単に拭えるものではありません。

　子どもたちが新しい家庭で、安全で自分は守られている、安心できると思えるようになるまでには大変な忍耐と多くの年月が必要だということを養親は心にとめておくことが必要です。

　虐待や突然の喪失、離別を経験した子どもには、親に抱きついて離れない、短い時間離れるだけでも泣き止まない、夜泣きをする、食べ物に執着する、情緒的に引きこもる、表情が乏しい、他の人と気持ちを通わせないなどの行動、態度が見られます。

▼ 養親はどうすればいいか

　もしまだ言葉を話せない幼児を養子に迎えると、養子縁組、生みの家族について話す練習をしたり、スキルを磨いたり、子どもが理解するようになるまで気持ちよく練習のできる素晴らしい機会となります。子どもには「何を話すか」よりも「どんな風に話すか」のほうが大切です。リラックスして事実を伝えて下さい。声の調子も大切です。養子縁組の話題を怖い顔や緊張した様子で話すと、養子であることが何か良くないことのようなメッセージを送ることになります。同様に養子ということを隠し事にしておくと、養子縁組は否定されること、良くないこと、ドキッとするような怖いことと思われます。

　幼児期に養子縁組をした子どもは、自分が男や女であることを知って育つのと同じように自分が養子であることを知って育ちます。「正しい」告知の時期を待っている親は、告知をする時期を遅らせようとする理由を持ちやすいようです。

　子どもが家に来た時から「これはあなたが（機関から、病院から、空港から）うちに来た時の写真よ。あなたを養子に迎えて私たちはとっても興奮し胸がどきどきしたのよ」とあなたの嬉しかった気持ちを伝えて下さい。

　この発達段階の養子は縁組のことはまだほとんど理解していません。

　幼児に縁組のことを話すときはモデルとなる正しい縁組の用語を使って下さい。親は子どもに「捨てられた」とか「譲られた」というような言い方をすべきではありません。子どもたちはまたこのように「捨てら

れる」のではないかという不安を持つようになりかねないからです。

　また産んだ親のことを「生みの親」ではなく「本当の親」とか「自然（natural）な親」という言葉で呼ぶと、今度は養親の方は「本当でない親」「不自然な親」になってしまいます。

　子どもの個人の生育歴に関する情報は年月が経たないうちにできるだけ集めておくことです。子どもは思春期の最初の頃に大切な質問を投げかけてくることを覚えておいて下さい。しかし、その頃には生みの母親は姓を変えていたり、他の州に引っ越していたり、新しい家族を持ち、養親や機関と接触するのを拒否したりするかもしれません。また、担当のソーシャルワーカーも退職や他の職場への異動をしているかもしれません。もし養子縁組後、子どもが訊ねたいことがあったり、生みの家族の思い出になるような品物や写真が欲しいと思ったりしても、そういうものを手に入れるのは難しいかもしれません。養親は手に入れられるときにできるだけ子どもの情報を集めておく方がいいでしょう。

就学前〜3歳から7歳まで

　就学前の子どもは具体的なことしか考えられません。子どもたちは養子のお話を聞くのが好きです。眠る前にベッドで何度も何度も繰り返しお話を聞きたがります。3歳や4歳までの子どもたちは、養親が自分に話してくれたように同じ言葉使いをしてお話を繰り返します。養子のお話を子どもと共有する時、子どもが養子について理解できる能力は限られているので、単純で分かりやすい説明がベストです。

　具体的な説明をするために、小道具、すなわち人形や単純な絵、物語の絵本などを使うといいでしょう。

　また一度に全部を説明しようと思わないこと。養子縁組についてお話をする機会は何度だってあるのですから。

　3歳から7歳の間の子どもたちは主となる養育者から少しずつ離れていこうとしつつあります。

　子どもたちは次第に他の子どもたちとの関わりを持ち始め、幼稚園や小学校へと外の世界へ歩み出します。この発達段階の終わりの方になると一日の内、数時間を家族から離れて過ごせるようになります。

　就学前の子どもたちは、おとぎ話や魔法のような不思議な世界を信じています。魔法のような世界に没頭している子どもたちは自分のまわりに起こることは何でも魔法が引き起こしたのだと思いがちです。

　例えば犬の尻尾を引っ張ったあと、次の日に犬が病気になると、その子は自分が犬の尻尾を引っ張ったから犬が病気になったと思います。自分の行動が引き起こした現象と実際に起こった出来事とは関係がなくてもそれが魔法の力だと思い込みます。

　就学前の養子の女の子は自分が何かしたことで生みの母親が自分を養育できなくなったのではないかと考えたりします。あるいは何度も引っ越したことのある少女は、魔法使いがまたやってきて自分を連れ去ってしまうのではないかと怖がったりします。

▼ 養子に対する子どもの概念

　3歳から7歳の間の子どもは、養子に関する言葉を覚えるようになります。実際にはよく分かっていない言葉を繰り返したりします。

　例えば生みのお母さんのおなかの中で育つという概念や他の家族と暮らすということは大変抽象的で、幼い子どもには理解できないことなのです。

　7歳以下の子どもには養子縁組のお話の背後にある概念を理解する認知能力はほとんどありません。言葉をオウムがえしに喋ることはできても、理解の電球はまだ灯ってはいないのです。この年齢の養子は養親家族から別れることへの不安を持っているかもしれません。すでに生みの

親との別れを経験している子どもたちにとって養親との別れはとても不安なのです。

　学校に行く最初の日というのは大抵の子どもにとって大いなる挑戦なのです。しかし、そうした家族と離れるということは、親との永遠の別れを経験した子どもにとっては大変なパニックを引き起こすことにもなります。7歳以下の子ども、魔物を信じている子どもにとっては、自分が親に自分を捨てさせたと信じている子どももいます。

　幼い子どもは、自分が泣き止まなかった、親の思いとは違った性だった、かわいくなかった、あるいは他の理由で親を怒らせてしまったがために、手放されてしまったと信じている子どももいます。言い換えると、親が自分を養子に出すと決心させたのは、自分に責任があると思っているのです。

　生みの親ともっとオープンな関係を持っている養親（例えば生みの親と定期的に面会する、手紙や電話でやりとりするなど）では幼い子どもたちが複数の親を持つことによって混乱していることに悩んでいます。

　しかし子どもは誰が自分のニーズを満たしてくれるのかをはっきり分かっているのです。

▼ この発達段階の
養子縁組に関連する子どもの行動

　養子はお母さんのおなかの中にいた時のことをよく尋ねます。また、言葉がしゃべれるようになり自分の過去の物語が少し分かってくると、産んだお母さんのことについても尋ねてくるようになります。

　子どもは養子の物語を聞くのが大好きで答えてくれる人になら誰にでも繰り返して尋ねます。

　この年齢の子どもは自分の物語を他の人と素直に分かち合い、近所や学校の友達にもよく話します。

　この発達段階の子どもは人形や動物を交えて、赤ちゃんがどうしてで

きて、どんな風にして家族ができるのかを考えてお話を作り出します。

　家族から離れていこうとする子どもたちの中には学校が嫌いになる子、両親が病気になったり、出張で家を離れることに不安になる子もいます。子どもたちは成長するにつれ、最初の家族はなぜいなくなったのか、またこんなことが起こるのではないか、とますます心配する子もいます。

　実親と暮らせないのは自分に悪い所があるからではないかと考えている子どもは、養親がその悪い点に気付き、生みの親がしたように自分を見捨てるのではないかと懸念します。それを心配して、完璧な自分を演出しようともがいている子どももいます。

　この発達段階の養子は縁組によって家族を手に入れただけではなく、途中で家族を失うことも理解し始めます。

　異なる人種の養子はなぜ自分が他の家族と違って見えるのかに気が付くようになります。皮膚の色、眼の形、髪の毛など養親と同じようでありたいと言葉で伝えるようにもなります。

▼ 養親の対応の仕方

　子どもが質問をしやすいようにし、子どもへの答えは具体的で分かりやすくすることです。

　7歳以下の子どもは、性に関する知識や、麻薬中毒、貧困、戦争などの大人の世界の問題についてまだ十分な認知力を持っていません。そういった話題となる概念への子どもの知識は限られたものです。親は子どもたちの質問には誠意を持って分かりやすい方法で答える方が良いでしょう。

　子どもが友達と遊んで話をしている時、間違ったことを話しているかもしれないのでちゃんと聴いておきましょう。養親や養子の年上の兄弟は幼児が養子について極めて間違った内容を信じきって他人に話しているのを耳にするかもしれません。こういう時は正しい方法でもう1度やってみせることです。

韓国から養子に迎えられたロンは友達と家で遊んでいました。彼の12歳の兄はロンがこんな風に友達に話しているのを聞きました。「僕はお父さんとお母さんの元に生まれてから1年間韓国にいる女の人のところへ行っていたんだ。そして今度本当の両親のところへ戻ってきたんだ」

　自分が一緒にいるべきだと感じている本当の親（この場合は養親）と暮らしているということが、ロンにとっては重要なのです。彼にとっては「もう1人の女性」の存在が彼の人生の物語の中にいるのですが、その女性の役割を誤解しているのです。彼の兄は友達の前でロンのお話の内容を少し訂正し、もう1度ロンに説明し直すために親にもことの成り行きを話しました。彼にとっては生みの親も養親も共に「本当の親」であり、彼の人生の中ではそれぞれの親が違った役割を果たしていることを知るのは大切なことであり、自分が実際にどんな立場にいるべきかを理解することが重要なのです。

▼「養子縁組のことなどたまに話せば十分だ」 とは思わない

　養子のお話は子どもが聞きたがるお話の1つです。でも、養親は子どもがそのお話をよく知っているからと言って養子のお話をするのを止めないでください。

　養子を取り巻く状況、生みの親、子ども自身の考え方は子どもの成長と共に変わっていくし、考え方もより違ったものに変化していくことを忘れないようにしてください。

▼ 養子縁組は肯定的に、
現実的に話す

生みの親についてはすべて肯定的に、あるいはすべてを否定的に着色しないでください。生みの親の置かれた状況を肯定する面も否定する面も両方伝えることが、子どもがなぜ生みの親から離されることが必要だったかを理解する助けになります。

養子の話をするにあたって、親は輝かしいシナリオを作ることには注意しないといけません。「あなたの親はあなたをとても愛していたの。そして養子に出したのよ」と伝えると、子どもは「養親ももしかすると同じことをするかもしれない」と思うかもしれません。

成人した養子の多くは、「選ばれた子」という表現を不快に感じています。「あなたを私たちの子どもになってくれるよう選んだ」と言われると、成人した養子たちは「選ばれた子」に値する人間でなければならない、と大変なプレッシャーを感じてしまう、と話しています。もし彼らが養親の期待に添えなかったら選ばれなかったかもしれないという悩みも持っています。

▼「子どもたちが養親家族を失うことはない」ことを
しっかり伝えて安心させる

幼児の恐怖心や、学校嫌い、夜泣きは生みの親や家族からの離別によることがあります。

養子に見られるこういった共通のトラウマや恐れは、なんらかの形で表出することが多くあります。養子は少なくとも1回は生みの家族から引き離されています。ですからこれからもずっと養親家族の一員であることを保障されることが必要なのです。

過去にトラウマを背負っているような子どもたちは、日常の暮らしが

いつも通りにつづくと予想されるような家庭がなにより必要なのです。

　就学前の子どもたちは物理的な変化が苦手なので、毎日の日常の世話や就寝などに十分時間をかけた計画を立てることが必要です。トラウマを持つ子どもたちは、ゆったりとした落ち着いた家庭に安心感を覚えます。

8歳から12歳の学齢時の子ども

　8歳になると抽象的な語彙が急速に増えてきます。自分の養子に関する物語の言葉の背景にある意味を理解できるようになります。いわゆる児童期の真っ最中にある子どもたちは、学校やスポーツに熱心に取り組み、友達とうまくやろうと頑張ります。その年代の子どもたちにとって、友達と同じようにできるということは重要な事柄なのです。

▼ 養子縁組に対する子どもの概念

　子どもたちは7歳、8歳の頃に初めて養子という概念を理解できるようになり、自分の人生に起こった重大な「喪失」について気付き始めます。幼児の頃縁組みをしていたら、この重大な喪失についても受け止めやすいと考えられます。子どもは生みの親とのつながりや関係、自分の歴史やルーツ、文化的な背景や連続性を喪失してしまっています。たとえオープンアダプションであっても、本来なら生みの家族と生活していたであろう人生を失っています。なぜならこの年齢になっていろんな喪失の意味を理解し始めるようになり、離別からしばらく時間がたっていたとしても喪失を癒す道筋をたどり始めます。

　この年齢の子どもたちは「公平である」ことへの関心が強く、ゲームでもルールを守り互いに公平であることを重要視します。それは養子縁組においても同様で、子どもたちは「正しい」家族といるのか、生みの家族に

しろ他の養子の家族にしろファンタジー化してしまいます。生みの親に対して色々な感情や疑問を抱いている子どもであれば、「自分はなぜ養親家庭にいるのか」と、自身の状況を不公平に思うかもしれません。そういった理由で、特に養親に対して良くない感情を持っている場合は、養子縁組のことや生みの親について尋ねるのを躊躇する可能性があります。

▼ この段階の養子縁組に関連した行動

　エリザベス・キュブラー＝ロスによれば、悲嘆から起こる行動の一つに「否定」があります。悲嘆の第一段階として、養子は生みの親や養子縁組みについての質問をしないようになるかもしれません。8歳や9歳の養子に共通する行動は、たとえ人種間の養子縁組であっても、「自分は養子ではない」と言い張ることです。思春期前の養子はおそらく養子について訊くのをやめるでしょう。前述した「否定」の形の一つとして、養子縁組の話題を避けたり、あるいは養親家庭での暮らしのルールを破ることで、養親に対して信頼をうらぎるような行為を見せたりするかもしれません。この年齢の子どもたちは養子縁組について話をしようとはしなくても、縁組みについてはちゃんと考えているのです。

　8歳から12歳の子どもは養子縁組によって家族を得たり、その過程で家族を失ったりしただけでなく、自分は現実に捨てられたのかということを考え始め、「人間は大切なものは捨てやしない。僕にはたいした値打ちがなかったんだ」と思う場合もあります。

　9歳のメーガンは幼児期に養子縁組をしましたが、養親には、生みの親のことやどのようにしてこの家の養子になったのかを、一度も尋ねたことはありません。メーガンは養子縁組については話したくないし、縁組みについては自分には何も話さないようにと頼んでいました。9回目の誕生日を迎える頃、メーガンは困った行動（ライフ

ブックの写真を破いたり、養親の実子からものを盗んだり）をする
ようになりました。「産んだお母さんのこと考えてる？」と尋ねると
彼女は「毎日ずっと考えてるよ、たった今もね」とセラピストに言
いました。

これは生みの親が心理的存在となっているいい例です。彼女は「生み
の親に対して強い感情を抱いているのは、養親に対して誠実でなく恩知
らずだ」と感じていたので、養親にはそういった感情を話すことはなかっ
たのです。

▼ 養親にとっての方策

　子どもが養子について話をしないからといって「子どもは養子につい
て何も考えていないんだ」とは思わないでください。養親は時々養子が
縁組について話をしたがらないと「この子は養子のことをよく分かって
いるからもう話したくないんだ」と解釈しようとします。この繊細な話
題について子どもが何も言わないと養親はほっとするかもしれません。

　子どもは縁組みに関する話題を無理矢理に話されるべきではありませ
ん。大事なのは、子どもが話せる準備ができているときにオープンな態
度で気持ちよく話をしてやることです。養親は時々子どもの能力、外見、
興味などについて、これらのいい特性は生みの家族からのものではない
か（きれいなまつげね、ご家族の誰かにきれいなまつげの人がいたのか
しら。すごい音楽の才能ね、家族の中にあなたのような音楽の上手な人
がいるのかしら。そんなこと考えたことある？）と話してみるのもいい
でしょう。

▼ 記念日の反応には注意すること

　他の悲嘆反応として、子どもたちは自分の誕生日や養子に迎えられた

日などの記念日に反応し始めるかもしれません。子どもたちが沈黙して
感情を押し殺さないように、子どもたちの感情を読み取ってその感情を
表現できるよう（例えばお誕生日には、「あなたの生みのお母さんのこと
をいつも考えてるの。あなたもお母さんのこと考えてる？あなたはもう
一年歳を重ね、十分考えられるようになったから、お母さんのことで何
か訊きたいことはある？」と尋ねるなど）手助けするのもいいでしょう。
子どもは自分から養子縁組の話題を持ち出すことはめったにないので、
「生みの家族のことについて訊ねることは、何も悪いことではないし、怒っ
てもいない」ということを子どもに気付いてもらう機会を与える方が良
いでしょう。

▼ 2組の親を愛してもいいのだということを
子どもに教えましょう

　この発達段階の子どもたちは公平性とか忠誠心について関心を持って
いるので、もし彼らが生みの家族への思いを持っていたり、訊きたいこ
とがあったりすると、それは養親家族に対して不誠実なのではないかと
思い込みがちです。でも子どもたちは2組の親を愛したって良いという
ことを知る必要があります。どちらかの親を選ばなくてもいいのです。
大人だって、1人以上の子どもたちを愛することを許されているのです
から。そういったことを説明することが子どもの気持ちを軽くすること
になります。家族に他の子どもが加わった時、新しくやってきた子ども
を愛し始めるためにそれまでいた子どもたちを愛するのをやめるという
ことにはならないのです。それと同じように子どもたちは複数の親を愛
することはできるのです。養親家族の一員になったからといって、生み
の家族への思いを断ち切る必要はありません。親が子どものニーズを繰
り返し満たすことによって愛着が形成されるということを忘れないでく
ださい。

年長の子どもや10代の子どもにも同じことが言えます。愛着を形成するための一番良い方法は、子どもが必要とするニーズを満たしてやることです。しかしニーズを満たそうと努力をしても、学童期の子どもたちは自分の言いたいことを言えないかもしれません。もし子どもがこれまで施設にいたり、ネグレクトの状態にあったりしてニーズが満たされる経験が乏しかったとすれば、子どもたちは何かを尋ねることはやめようと学んでいるかもしれません。そして子どもたちは言葉でニーズを表現するのではなく、拒否的な行動で表現してしまうかもしれません。

　テキサス基督教大学のカーリン・プルビスは「行動は声を失った子どもの言葉なのです。もしあなたが子どもの間違った行動もニーズの表現であるということを信じるならば、子どもたちに自分のニーズを表現するにはどのような言葉を使えばいいのか、言葉を使って表現するように教えてください。このやり方は、本来ならずっと以前に子どもたちが学ぶべきだったスキルを伸ばすのに役立ちます。そして子どものニーズを満たしてあなたとの基本的な愛着形成を確立させることができるでしょう」と述べています。

▼ 年齢相応の身体的接触をしてください

　愛着形成を考えるときは、タイムアウトより髪の毛をといたり、ハグしたり、うまくいった時に背中を軽くたたいたり等のタイムインを使う方が効果的です。誤った行動をしたときに子どもを部屋に閉じ込めるより、何かを子どもと一緒に完成させるとか、葛藤を和らげるために話し合うとか、もっと適切な方法で問題を考え直す機会を見つけることに時間を使う方が良いでしょう。

　養親は子どもが幼すぎて理解できないころ、子どもの生育歴の中のやっかいな情報を伏せているかもしれません。しかし、子どもが思春期、青年期に近づくと、子どもが自身の生育歴を知っていくために、養親はよ

り詳しい情報を知らせなければならないでしょう。思春期の子どもは大人、特に親に聞かされたことは信じないことが多いので、養親は持っている情報を思春期に入る前に伝えるようにした方がいいようです。もし、もっと情報が必要なら関係機関に連絡をし、子どもをそこに連れて行ってケース記録にある情報を全て訊くといいでしょう。一緒に訊くと後で情報をゆがめたとか、隠したとか非難されません。養親は、子どもが大人になるまでそういった情報を伝えずにいたいという風に思ってしまうことがありますが、子どもが思春期にうまくアイデンティティを形成していくためには、自分の生育歴を理解していることが大切です。後からそれが分かっても、遅すぎることが多いのです。

12歳から15歳まで

思春期のはじめの頃は2つの重要な発達課題があります。

それはアイデンティティの形成と個の確立です。両方とも若者にとっては大仕事です。また両方とも養子縁組によって影響を受けます。

アイデンティティの形成は自分のルーツを調べたり、生まれたときのことに疑問を持ったり、養親との違いを認識したりすることから始まります。髪を長くしたり、頭をそったり、紫色に染めたり、その社会の文化とは異なるスタイルに関心を持ち、見方によっては困ったり、楽しませてくれたりします。

若者たちというのは生みの親のアイデンティティと張り合うことによって自分の親の頃とは違ったアイデンティティを求めようとします。生みの親の情報があまりない場合は「多分こんなだっただろうな」と想像してアイデンティティの形成に挑戦しようとします。子どもたちは養親家族の価値観、習慣、宗教、外見を拒否し、生みの親の家庭の価値観、生活習慣を真似しようとするように見えます。10代の養子たちは自分の

アイデンティティの一部を失ったように感じるかもしれません。生みの親について分からない情報や失われた情報があるために、自分の特性、能力、才能が誰から受け継いだものなのか分かりません。嫌な性格や繰り返す行動、傾向、生みの親の間違いに責任を持つということに悩むかもしれません。自分の人種の背景が分からない、あるいは養親とは違った人種の子どもは、家族や地域に心底所属しているとは感じられないかもしれません。彼らは生みの親族や同じ人種の仲間と一緒にいることに強い関心を持つ様になるかもしれません。若者たちというのは自立をしたがるものです。しかし養子たちは、一度はすでに家族を失っていることを覚えておいてください。彼らは特に自立や個別化というもの対して不安を感じている可能性があります。

　逆説的ですが、養親家族から離れることに神経質になっている養子の若者たちは、思春期のはじめの頃に、「自立する」と怒って主張したり、「養子縁組なんてするのではなかった」と言い張るかもしれません。「僕に何をしてくれたんだ。本当の母親でもないくせに！18歳になったらすぐにでも出て行って2度と帰ってこないからな」というかもしれません。養子の若者たちは幼少期の喪失の現実と向き合い、悲嘆を癒す作業を続けています。悲嘆を癒すもう一つの方法は怒りです。家族のアイデンティティや支援を拒否すると同時期に、この悲嘆の反動を経験するかもしれません。大抵の若者にとって思春期というのは怒りの時で、養子の若者においてはより大げさに見えるかもしれません。12歳頃になると怒りの感情が起こり始め、13歳から14歳がピークになるようです。

▼ 養子縁組に対する子どもの見方

　思春期のはじめの頃の子どもたちは世間の様子も分かり始め、抽象的な思考もできるようになっているが故に、生みの親が自分を手放した理由に困惑しています。養子たちは手放されたという事実に、家族を得る

ことから家族を失うことまで思考が巡り、結局自分は拒否されたのだという結論に達します。10代の養子たちは縁組みの過程で、自分にはできることがあまりに少ないことに怒りを覚え、幼い頃に自分を手放したことや、自分の生育歴の情報が少ないことで、誰かを責めようとするかもしれません。たまに養親が子どもの怒りや困惑のスケープゴート(生け贄)になることもあります。子どもが学校に行くようになるまでに自分の生育歴について話をされていない子どもの中には、離別の理由としてあたかも養親が自分を誘拐してきたのではないかというファンタジーを作り上げる子どももいます。これは養親家庭によく見られることです。養子の若者たちは、養親が、生育歴をよく知っているのにソーシャルワーカーと示し合わせて情報を知らせないようにしているか、あるいは嘘をついていると堅く信じ込んでいるかもしれません。

▼ この段階の養子縁組に関する行動

　思春期のはじめの頃の若者は権威に反抗しようとして怒ったり、いつも他人をコントロールしようとしたりするように見えます。得にもならない嘘をついて混乱させたり、怒りで家族の危機を作り出したりして家族を支配する方法を探しているのかもしれません。家族から身を離しておこうとしたり、自立しようともがいたりする養子たちは、自分を他人から遠ざけるよそよそしい行動に出ようとします。「養親家族は嫌いだ」とか「本当の親ではない」という言い分が出るのです。養子の若者たちは数週間ごとに異なる人間のようになり、複数のアイデンティティがあるように振る舞おうとします。彼らはアイデンティティを、想像上の生みの家族として、たとえば、入れ墨をしたり、髪を染めたり、強面の装いをすることで、生みの家族であるかのように見えるように振る舞います。

アンは自分の生みの親がアフリカ系、インディアン、ラテン系の内の１人だと言うことを知っていました。高校生の頃、アンは週ごとにこの３人のアイデンティティを順番に入れ替えて振る舞っていました。養親はアンがラテン系やインディアンの血を受け継いでいるとは考えもしませんでした。アンはヒップホップ音楽や言語を合図一つで変えることができました。

▼ 養親はどうしたらよいか

この怒りの時期は養親にとって、まさに正念場です。いくつかの段階を経れば、養親はこの困難な３年をうまく切り抜けることができるでしょう。

▼ 子どもがいつでもできる限り
自分をコントロールできるように練習させなさい

若者が自制をする感覚を持つために、いくつかの決断をする機会を与えるということです。この戦いに養親が勝つためには、この段階ではいくつか負け戦も必要になるかもしれません。たとえば子どもとやり合っているとき、もしそのことが本当に子どもや他人にとって危険なのかどうか調べてみた方がいいでしょう。髪の形や服装などは誰にも脅しにはなりません。子どもには自分や他人に脅しとはならないかどうか見極める自由が許されるべきです。

▼ 子どもの怒りに、
　 怒りで反応しないようにしてください

子どもの怒りの大部分は生みの親によって拒否されたから生まれているのであって、養親に向けられた怒りではないということが理解できる

と、養親は過剰に反応しなくて済むでしょう。怒っている子どもが家を出て行きたいと言い張るときは意見を言っているのではなく、問いかけをしているのだと思って訊いて下さい。子どもたちは「家を出て行くよ」といっているのではなく、「どんなことがあっても僕を手放さない？」「あなたも私を捨てるの？」と訊いているのです。

▼ 制限を設けるときは毅然と

養親たちは時には「果たして自分たちに、この子どもたちの親としての資格があるのだろうか」と思ったり、自分の子どもではなく、近所の子どもたちのように扱ったりしてしまうときがあります。しかしあなたは子どもの唯一の親であり、子どもの安全を守るために制限を設けるときは、毅然とした態度で責任をとることを忘れないでください。

▼ 良くない行動をさせる前に
規則を破るとどんなことになるのかをしっかり決めておくこと

怒って問題が起こったあと、良くない行動に反応しようとしてはいけません。親が納得のいく論理的にも正しい精神状態の時にのみ、合理的で論理的な結果が得られるのです。一度論理的に納得のいく結果になった場合は、親は子どもに言い訳をしてはいけないし、子どもが親の権威を試そうとしたとき、結果を都合のいいように曲げてはいけません。子どもは自分の行動が良くても悪くても、結果を通して間違いから学んでいくのです。

▼ 子どもが自分の生みの親を批判しても、
そのことに同意をしたり、一緒になって批判したりしないこと

思春期の子どもは批判したがるし、生みの親から自分を引き離した大人には共感が持てないことがあります。子どもが怒りの感情を持つのは

当然ですが、賢い養親は生みの親を批判するのを控えるようにしています。

▼ ユーモアのセンスを持って

　思春期は慢性的なある意味病気のようなしんどい状態ですが、でも末期のような状態にあるわけではありません。養親は思春期の子どもを持つ養親たちとネットワークを持ち、うまくいった経験を分かち合ったり、学び合う時間をもつことが大切です。

思春期後期　16歳から19歳まで

▼ 自立への不安

　思春期の後半は家族から離れる準備をする時期です。子どもたちはまもなく家族から離れ、自立した暮らしをするようになります。離れるということは多くの人生の移行期のように喪失を伴います。親への依存や子ども時代の喪失、家族との生活の喪失、親密な関係や守られているという安心感の喪失等です。家族から自立することは多くの若者にとって重圧の多いチャレンジになります。自立による喪失は養子の若者たちにとって脅威となることもあるのです。

　10代の養子たち、とりわけ大きくなってから養子縁組をした子どもたちにとって、家族や家庭で安全に守られていた環境から離れることは大きな不安になるかもしれません。

　この時期に恋愛関係を持つようになる青年たちもいます。これは思春期の青年たちの一般的な行動という訳ではありませんが、思春期の養子たちにはよく見られるものです。ネグレクトや虐待を受けた経験のある養子たちは、生活のスキルを学ぶのにより多くの時間や実体験が必要になります。通常の発達をした子どもたちなら家族から自立することが課

題となるのに対し、新しく養子縁組をした思春期の養子たちはすぐに、家族の中で自分の立場を作り上げるという課題に直面します。多くの子どもたちは16歳から19歳の間に初めての親密な恋愛経験をします。それは表面的で束の間の関係になりがちです。その時期の子どもたちは家族から離れて親密な人間関係を失うことを恐れているので、それを失う代わりに異性との恋愛関係で穴埋めしようとすることがあるのです。恋愛関係は、思春期後半の、誰かに愛されていると感じたい若者に特に多く見られます。

このとき、若者たちは宗教、家族、信念、モラルなど、自分の価値観との間に葛藤を抱くことになります。自分の生みの親が性的に無責任だとか、だらしないと思っていた養子たちは、恋愛関係を持つようになるにつれ、大きな課題に直面し始めるでしょう。

もし過去に性的虐待を受けていたなら、セックスを「自分に注意や愛情を引きつける方法」だと捉えるかもしれません。

▼ 養子縁組に対する子どもの見方

縁組をした若者にとっては、成長して家を離れるというのは気掛かりなことでしょう。

青年に近づくと、養子は生みの親探しを始めることに葛藤を抱き始めます。彼らはもう一度生みの家族に拒否されることに恐怖を感じるかもしれません。そして養親は子どもたちが生みの家族に関心を示すことに対して「不誠実だ」と思ったり傷ついたりするかもしれません。生みの親を探すのか探さないのかということで、養子たちは仲間や家族に対しプレッシャーを感じる可能性もあります。一方で、子どもの助けになると考え、生みの親を探すのを手伝う養親もいるでしょう。でも生みの親の家族を探すということには養子自身が自分で決めるという自主性が必要です。もし十分準備ができていないまま生みの親との再会が行われる

と、取り返しの付かないダメージを子どもに与えることになります。重要なのは、子どもたちはすでに、生みの親が親権を喪失した時、自分の力ではどうすることもできなかったという経験をしていることを養親が理解しておくことです。

養子の若者は人と親しくなることが怖いかもしれませんし、自分は誰からも愛されないのだと感じるかもしれません。そういった、誰かと深く関係性を築くことへの不安は、相手と距離を保ち親密にならないようにするか、反対に、まだ自分の行動に責任を取ることができない未熟な状態で、恋愛関係や性的関係にのめり込んでしまうかのどちらかで表れてくることがあります。

そんな状態で不意に恋愛関係が終わった場合、自分は愛される価値がないのだと感じ、もう一度捨てられたかのような感情を抱くということが若い人にはよく見られます。

養子は家族を喪った喪失感を癒やそうとしながら、もう一つの落胆、すなわちうつの状態に陥る可能性があるのです。養子があまり怒りを出さなくなったことで養親の心は休まるかもしれませんが、高校の卒業や大学入学のための引っ越し、軍隊への入隊、親しい人との決別、祖父母の死などの時は特に、うつの状態にならないよう気を付けなければなりません。うつになると自分の殻に引きこもるようになるので、養親は子どもの状態をよく理解して、悲嘆を解決できるよう支援の手を差し伸べてください。

▼ この段階の養子縁組に関連する行動

家族から自立することに不安を抱く10代後半の子どもたちは、自立を遅らせるために落第をするかもしれません。こうしたことは高校3年生には珍しくないことです。しかし自立をうまく成し遂げようとするあまり、無意識に自立を避けることになると、もっと深刻な事態を招きかね

ません。養親の家庭から自立しようとする養子にとってそれは大変不安なことなので、養子はもつれた恋愛関係と養親を置き換えようとするかもしれないのです。そういった恋愛関係がうまくいかないと、養子は戸惑ってしまいます。

> 17歳のチャンテルは高校を卒業後大学に行くため、州の反対側へ引っ越すことに不安を感じていました。彼女は自分が頼っている家族の中にある「安全基地」を失うことをとても心配していたのです。チャンテルは年上のボーイフレンドと仲良くなり、その関係に依存することによって、自分が離れていく家族の代わりにしようとしていました。しかしボーイフレンドとの関係が壊れてしまった時、彼女は劇的で情緒的な反応を示しました。自分を世話してくれる人と守ってくれる人の存在（養親家族とボーイフレンド）を自分の近くに取り戻そうとしてアスピリンを過剰に飲み込んだのです。チャンテルは18歳の誕生日を過ぎ、高校を卒業してからも自分を支えてくれた安全基地である養親家庭の存在を確かめる必要がありました。養親とチャンテルは大学に行く計画を再考し、養親の家から1時間以内のところにある大学に入学することに決めました。

　10代後半の養子たちは大人になる道筋を考えるとき「生みの家族を探すべきなのだろうか？生みの家族は私に会いたいと思うだろうか？養親はどう思うのだろうか？養親は理解してくれるだろうか？友達は生みの親を知りたいという私の気持ちをどうして分かってくれないのだろうか？」といろいろ悩み、内にこもることがあります。

▼ 養親としてできること
　卒業しても家にいてもいいということを子どもたちにはっきり伝えま

しょう。養子は家から仕事や大学に通ったり、時々行き来ができて、養親の支援を受けられる近くの寮に入ったりすることができるかもしれません。養子は自分の巣立ちについて自分で決めることができると感じることが重要なのです。

友達との関係がうまくいかなくても過剰に反応しないでください。10代後半の養子たちの親は子どもから少し離れ、子どもが自立への道を苦労しながらも歩んでいくのをじっと見守り、必要な時に手を差し伸べ、安心させてあげてください。

生みの親探しや家族との再会については気持ちの準備をしておきましょう。子どもが生みの親と再会することは、養親にとってローラーコースターのように感情の起伏が生じる可能性が高い出来事です。頭では手伝ってあげると分かっていても、生みの家族との面会の後は、子どもが養親に対してこれまでと変わらず信頼感を抱き続けているのかどうか、少し不安に感じることもあるでしょう。

養子縁組の課題となる他の時期

子どもにとって、発達の問題よりも養子縁組に関する課題がより難しいものになると思われる時期があります。養親は子どもの発達に注意を払い、情緒的な痛み、悲しみ、生みの親と養親に対する感情の揺れ、不安などの引き金となる可能性のあるものにも気を付けておいた方がよいでしょう。

▼ 子どもの誕生日

子どもが誕生した後すぐに生みの親の親権が停止された場合、子どもの誕生日というのは生みの親との別れの日でもある可能性があります。大きくなってから離別を経験した子どもであっても、生みの親が自分の

誕生日を覚えているかもしれないと考えるでしょう。悲嘆の反応としての悲しみと怒りは誕生日の1ヶ月前ぐらいに始まり、誕生日の後も1週間から2週間続くと思われます。もしこの、ごく当たり前の悲しみが毎年続く様子が見られるようなら、養親は気を付けた方がいいかもしれません。子どもが抱えている喪失感や、無気力、生みの親は自分のことなどもう忘れ去っているのではないかという怖れ等について子どもと直接話し合ってみると、子どもの悲しみを改善することができるでしょう。

▼ 母の日

多くの養子や里子にとって、母の日というのは生みの親と養子の家族どちらに気持ちを寄せればいいのか戸惑う日でもあります。母の日は子どもが学校に通っている間毎年訪れる日であり、多くの子どもたちは学校で母親（養母）に向けてカードを作成します。しかしそれは養子や里子にとって、生みの母親に対する不誠実な行為とも言えます。そこでは生みの母親を親として承認していないからです。

また養子や里子は生みの母親に対しては絆を感じていますが、生みの父親に対してはほとんどあるいは全くつながりも記憶も持っていないということが時折見られます。こうしたことから、5月の初めの頃というのは養子や里親家庭にとっては難しい時期になるのです。

子どもが生みの親と育ての親との間で気持ちが揺れていることを認め、子どもの生みの母親への気持ちを受け入れてやることは子どもにとっては大変な手助けになります。子どもが生みの母親に向けて作った母の日のカードを特別なスクラップブックに保存しておくことを勧める養親もいます。オープンアダプション（養子縁組後も実親と養親が何らかの方法で交流を続ける縁組）の場合は、それを生みの母親と共有することができるし、そうでない場合でも、子どもが将来生みの家族と再会するような時があればそのカードを生みの母親に渡すことができるでしょう。

単に生みの母親へカードを作るだけでも、養子にとってはこうした難しい時期に自分の気持ちを表現できる一つの手段になります。

▼ 委託された日、あるいは離別した日

　何かを失った日というのは誰でも悲しいものです。例えば流産や、両親を亡くした日は悲しみに暮れます。養子たちも同じように悲しみを経験しています。毎年同じ時期の特別な日に子どもたちが悲しみや怒りの感情を抱いているのに気が付いて、驚かれることもあるでしょう。こうした季節の間、養親は子どもが悲しみを乗り越えようとしていることに気付き、支えてあげなければなりません。

▼ 命日

　誰か大切な人を喪うと、命日は悲しい日となります。生みの家族、あるいは里親の家族と過ごした楽しい時間を憶えている子どもたちは、命日に感じる家族の雰囲気についていくのは特に難しいと感じてくるかもしれません。養親は、子どもたちが家族の会話から孤立しないように注意しておかなければなりません。

▼ 喪失経験（転校、ペットや祖父母、親友の死など）

　どんな喪失も悲しみの引き金になります。大切な人を喪って苦しんだことのある人は2度目、3度目の喪失が起こった時、あの悲嘆を再体験するのだということを理解できます。多くの養子は些細な喪失にでも過剰反応するように見えます。彼らは生みの親から最初に引き離された時の痛みを追体験しているのです。

▼ 病気、死、離婚などを通して予想される
  養親を喪うということ

　親を喪った子どもたちは、あのトラウマとなるような経験がもう一度起こることへの不安感を持っています。生みの親との最初の離別は自分たちが原因で起こったものだと思い込み、同じような喪失に対しても、自分たちは無力であると感じています。

　もし養親が病気になり、特に入院が必要となると、養子や里子は自分では抑えられないパニックに陥るかもしれません。実際に養親が亡くなったり離婚したりするようなことになれば、養子たちは養子でない子どもよりももっと自分を責め、もっと不安になり、怒り、より厳しい反応を示すようになる傾向があります。養親の姿が見えなくなるという一時的なもの、たとえば仕事で町を離れる時、子どもが初めて学校へ行く日、子どもが1泊のキャンプに行く時、養親が子どもを置いて週末に出かける時などの、養親にとってはなんということはない出来事であっても、養子は「捨てられる」という極端な恐怖心を持つことがあるのです。こうした恐怖心は幼少期の離別の体験に根ざしていることがあります。

▼ 引っ越し

　家族の引っ越しは子どもにとってもう一つの喪失ともなります。特に家族を喪ったことのある子どもや引っ越しによって家族を永遠に喪ってしまった子どもにとっては重大なことです。多くの小さい子どもたちにとって、家族が引っ越すということは置き去りにされる可能性が高い事柄なのです。10代の子どもでさえも、引っ越しによって置き去りにされるという不合理な恐怖を持つことがあります。

　引っ越しの間、子どもたちに自分でできることを決めさせる（例えば、新しい寝室の色を子どもに選ばせる）と、自分ではどうすることもできないという無力感や引っ越しへの恐怖を減らすことができるでしょう。

14歳のロキシーは乳児の時に韓国から養子縁組をされました。もちろん事前に養親の家庭を訪問するというようなことはできず、彼女は飛行機がアメリカに着陸した時に初めて養親家族に出会いました。まだほんの2歳の子どもにとっては恐ろしく大きな環境の変化でしたが、ロキシーは新しい家庭に落ち着き、養親が他の地域に引っ越すことを伝えるまではうまく環境に適応していました。引っ越し後はそこで新しい学校に通うことになり、そのことはロキシーにとってパニックの引き金となりました。彼女にとって引っ越すということは、彼女が愛していた物や人を全て喪ってしまうことを意味していました。引っ越した後も家族やペットや持ち物などを失うことはないと確信させるためには、しっかりとカウンセリングをすることが必要だったのです。

▼ 学校の宿題のこと

　家族や養子縁組を巡る学校の宿題が出ると、子どもたちはしばしば混乱や怒りを覚えます。家族の木（家族関係を描いた木）や遺伝の話など、子どもにとってとげともなるような内容を子どもに話す時、イライラや不安を感じる養親は多くいます。子どもの心の痛みの引き金となるような宿題や経験には十分注意をしておかなければなりません。養親はこうした宿題が出題されたときに、子どもと一緒に上手くこなすサポート方法を身に付けておくことが必要です。

　15歳のグレッグは高校の生物の時間に遺伝の勉強をしていました。先生は「両親それぞれの親類を見て耳たぶが長いか長くないかを調べ、どの家族にどういった特徴があるのか、メンデルの法則に従って家系の遺伝を調べてくるように」と宿題を出しました。彼は、

自身の生みの親とは関係のない養子がもう一人いる家族のところへ養子に迎えられていました。グレッグは家族の中で自分だけが耳たぶが長いということにうろたえてしまいました。これはまさに、家族の中で自分の異質性を強調されることになってしまったのです。

さらに、先生はグレッグの家族のダイアグラムを見て、クラスのみんなにこう言いました。「グレッグは宿題を少しも理解していないんだ。遺伝的にはこんなことはあり得ないことなんだから」と。先生は事態を余計に悪くしてしまったのです。

▼ 映画やテレビで描かれる養子縁組

子どもたちはテレビや映画を見ているときに、養子や生みの家族という事柄について、不愉快な思いをする場合があります。こうしたものが子どもの心に影響を与えたとき、養親は子どもが自身の認識や感情について自分の言葉で表現するいい機会だと思っていいでしょう。もしその内容がひどく否定的なものだったら、養親は養子縁組制度についてよく知らない人たちに間違った考えを改めてもらうよう子どもと話をするようにしましょう。テレビ局や映画館に間違いを訂正してもらうように、子どもが手紙を書くのを提案してもいいかもしれません。

▼ トラウマの引き金

トラウマ体験を経験している子どもたちはトラウマに関する出来事に敏感で、音や、匂い、目に映るもの、味などに反応します。子どもたちはそんな物事には引き込まれないように見えたり、自制心を保っているように見えたり、情緒的に安定した状態のように感じられるかも知れません。養親が子どもの過去のトラウマに関する知識を持っておくことは、子どもを逸脱させることから助けることになるかも知れません。

エベリンは５歳の時に養子に迎えられました。生みの母は彼女を放任し、就学前の彼女の世話をせず、医者にも連れて行きませんでした。養親と暮らし始めた最初の週は穏やかに過ぎましたが、ある日の夕方、養父がエベリンをお風呂に入れるとき、時間節約のためにシャワーだけで済ませようとしたことで、彼女は完全に参ってしまいました。金切り声を上げて自制心を失ったのです。混乱した養父は、彼女が単にシャワーを怖がっているのだと考えました。しかしいったん浴室から出ると、その声にびっくりしている養母に自分が性的虐待を受けていたことを説明し、その後落ち着きを取り戻しました。生みの母のボーイフレンドが、シャワー室で彼女に性的虐待をしていたのです。

　養子縁組によって人間の成長段階が変わる訳ではありませんが、養子縁組をしたという事実が発達に影響を及ぼすことはあります。養親は、一般的な子どもの発達による行動と、養子縁組の問題によって引き起こされる行動との違いを判断する難しさを感じることでしょう。ほとんどの幼い子どもは自分の要求を通そうと必死になる様子が見られますし、青年の多くは個性を確立しようともがきます。しかし養子縁組や虐待、またはそのどちらも経験している子どもたちは、人生を通して、より難しい発達課題に出会っていきます。彼らの過去が変わらない限り、そういった発達課題による問題行動は深刻化していくでしょう。言い換えれば、トラウマの過去やより早い離別によって、問題行動から生じる子どもの苦労は大変な厳しさになる恐れがあるということです。養子縁組をすることは養親にとっても大きな変化をもたらしますが、子どもにとってもさまざまな影響を与える可能性がある出来事なのだということをしっかりと理解し、心に留めておくことが必要です。

養子縁組について子どもに話す時の原則

「本当に真実をすべて話さなければならないの？」

「話すとすれば、子どもが何歳の時がいいの？」

これらは養親から質問されることの多い事柄です。

この章ではこうした質問にお答えし、養親の手助けになる告知の原則についてお伝えします。

実際にはこうした原則や一貫して使える方法などについて書かれた書籍は少ないので、基本的には養子縁組についてのコミュニケーション力を身に付けるということになります。これらの原則は、養子縁組の複雑さについてよく分かっていない家族や友達に悩む養親の参考になるでしょう。

養子縁組についてのコミュニケーションの原則

1．養子縁組について話を始める

「子どもが養子縁組について尋ねてくるまで自分たちからは話さず、聞かれたことだけに答える方が良い」というのは、養親が陥りやすい考え方です。性に関する話題についても同じような考えをもつ親が多いですね。

しかしこのやり方では、子どもたちが自分の生育歴などを理解する手助けにはなりません。

大抵の子どもたちは、生みの親について考えたり尋ねたりすると養親に悪いと思い込んでいます。子どもたちはもやもやとした疑問や気持ちを抱え悩みながらも、養親や生みの親に関する話題を持ち出さないよう

にしているのです。

　養親はそのことを念頭に置いて、縁組についての話題を持ち出す機会や、子どもが縁組に関する質問をしやすい状況を探る必要があります。

　大切なのは、養親から「生みの親のことを考えたり尋ねたりしたいと思うのは当たり前のことだから、ビクビクしたり私たちに対して不誠実だと感じたりする必要はないよ」ということを子どもに伝えることです。

　『エリスは幼児の頃養子縁組をしました。養親はエリスが３歳と４歳の時に彼女の過去について話をしましたが、それ以降は養子縁組や生みの親のことについては話していませんでした。

　13歳になったエリスは、アルコール中毒で、酔うと暴力を振るうような26歳の男と付き合っています。

　彼女は黒い皮の服を着て厚化粧をし、トサカあたまのような髪型をしていました。養親の言うことは全く聞かず、彼女自身でさえ自分をコントロールできない危険な状態でした。

　養親がカウンセラーに相談した際、カウンセラーは、養子縁組について、これまで子どもとどんな話をしてきたのかを尋ねました。養親は「縁組については、一度も話をしていません。エリスからも縁組についての話題が出たことは、ありませんでしたから」と説明しました。

　エリスが養子縁組について何も話さないのは、彼女が縁組について何の関心や疑問もないからだと養親は思っていたのです。

　しかしカウンセラーはエリスと話してすぐに、彼女が幻想や、自分は誰なのかという葛藤、困惑、そして深刻な信頼喪失に苦しんでいることに気が付きました。

　ただ彼女は自分の関心事について養親と話し合うのはいい気分にはなれませんでした。もし自分が生みの親のことを気にかけている

と養親が知ったら、2人は傷付くのではないかと心配していたから
です。

　自身の疑問を直接正直に話してはいけないのだと感じたからこそ、
彼女の苦しみは行動や外見に表現されていたのです。

　養親が家庭の中で養子縁組の話題を持ち出すと同時に子どもの自尊感
情を育てる方法はいくつもあります。

　例えば、養子縁組をテーマにした番組や映画を子どもと一緒に見てみ
るのはどうでしょうか。番組とその子どもの状況とで、似ている部分や
違っている部分を一緒に探すのです。この会話を発端に、他の質問を引
き出していくと自然です。

　特別な日（誕生日、母の日、子どもを迎えた日、記念の祝日など）をきっ
かけにして、養子縁組についての話題を持ち出す方法もあるでしょう。

　「私はいつも母の日には、あなたを産んだお母さんのことを考えるの。
お母さんもきっと今日、あなたのことを思っているわ。お母さんへのカー
ドを作って、特別なスクラップブックに貼っておいたらどう？」という
会話などです。

　子どもの長所について話し、それは子どもの生みの家族から受け継い
だものではないかということを伝えることもできます。

　　「あなたのまつげは長くてきれいね。ご家族の中に、きれいなまつ
　　げの人がいるのかな。考えたことはある？」

　　「あなたは絵がとっても上手ね。生みの家族の中に、あなたのよう
　　な才能や能力を持った人が誰かいるんだと思わない？」

などの会話が挙げられます。

　子どもが何かをやり遂げた時、養親は生みの親が誇りに思う気持ちも
含めて「よくやったわね。産んだお母さんもきっと私たちと同じように
あなたのことを誇りに思っていると思うわ」と伝えるのも良いでしょう。

2．養子縁組について肯定的な表現を使う

　養親が子どもや、友達、親戚などに養子縁組について話をする時は、肯定的な言葉を使うようにしなければなりません。言葉の使い方に注意しないと、生みの親、子どもの過去、また、養子縁組そのものに否定的なイメージを与えてしまうからです。　（下表　具体例）

あまり適切でない表現	⇒	適切な表現
Natural parent（自然な親）	⇒	Biological parent（生物学上の親）
Real parent（本当の親）	⇒	Birth parent（生みの親）
Own child（実子）	⇒	Birth child（生まれた子ども）
Real or natural father/mother （本当のまたは自然な 父親/母親）	⇒	Birth father/mother （生みの父親/母親）
Illegitimate （非嫡出子）	⇒	Born to unmarried parent （未婚の親から生まれた）
Handicapped child （障がいのある子ども）	⇒	Child with special need （特別な支援を必要とする子ども）

3．過去の出来事や生みの家族について
　子どもに嘘をつかないこと

　子どもの生みの親や過去について嘘をつくと、信頼関係に深刻な亀裂を生み出します。養親や親族が口を滑らせたり、子どもが養子縁組に関する書類を偶然見つけたり、調べたりしたことで真実が明らかになった時、謝罪や説明では修復し難い深刻な溝が親子関係に生じます。養子との関係を守るためにしていたことが、逆に親子関係における信頼や親密さに終止符を打つ引き金となる可能性があるのです。

　『レイチェルはネグレクトによって幼児の時に家族から引き離され、4歳の時養親家庭に迎えられました。

　養親となったユダヤ人の家庭は宗教的な伝統を大変重んじる家庭でした。

　レイチェルは成長するにつれ、「私の生みの親もユダヤ人だった？」と何度も尋ねました。

　レイチェルの生みの親はユダヤ人ではないということを養親は知っていましたが、強い意志を持った思春期のレイチェルがこのことを知れば、今いる養親家庭の宗教や文化を拒絶するだろうと考えました。

　そこで養親は「あなたの生みの家族の宗教や文化についてはよく知らないの。ユダヤ人かも知れないし、そうでないかも知れない」と彼女に話しました。

　生みの家族の文化について曖昧であることに納得のいかない17歳のレイチェルは、自分を委託した当時の担当ワーカーと連絡を取り、生みの親はユダヤ人かを尋ねました。

　ソーシャルワーカーは、養親がまだそのことについてレイチェルに伝えていないことに気が付かず、生みの親はプロテスタントであったことを伝えました。レイチェルはその情報よりも、養親が生みの親について正直に教えてくれなかったということに大変ショックを受けました。

4．生みの親に対する子どもの怒りには同調せず、受け入れること

　子どもの頃、家族以外の誰かに自分の家族のことを批判されると、たとえその家族が言われた通りのひどい家族であったとしても、ひどく腹が立ったことを覚えている大人は多いことでしょう。

　養親や里親家族も、生みの親に関しては「家族以外の誰か」と同じような立場にあります。生みの親と子どもを共有する形であっても、身内

ではないからです。

　子どもは生みの家族に対して良い感情も悪い感情も両方表現すれば良いのですが、養親や里親は、その悪い感情には同調しないように気を付けなければなりません。

　多様な家族形態の中で暮らす子どもたち（義理の親を持つ子ども、里子、養子など）はそれぞれの親に対する忠誠心の間で心がかき乱れているということを、自身でもよく分かっています。

　もし今いる家族の誰かが別の家族の悪口を言ったなら、子どもの葛藤はより強くなると考えられます。

　ただ子どもの怒りに同調しないという考えは理解できても、実際にそれを行うのは難しいことでしょう。多くの里親や養親は、妊娠前後の薬物濫用や、身体的、心理的、性的虐待、ネグレクト、遺棄などで子どもを傷付けた生みの家族に怒りを感じているからです。

　子どもが生みの親に対する怒りや憤慨の感情を表した時、養親がその感情に同調してしまわないよう自制するのは大変なことなのです。
虐待は許されることではありませんが、養親は加害者である生みの親のことを思うままに悪く言ってはいけません。

　次のような言い方は良いのではないでしょうか。

　　「今は、あなたを安全に守ることができて嬉しいわ」

　　「それだけ怒るのはよく分かるよ」

　　「それはすごく辛いことだったね。あなたを助けるために、何かしてあげられることはある？」

　しかし、次のような返答は良くないし、子どもを傷付ける可能性があります。

　　「もしお母さんが相手を見る目があったなら、あなたが虐待されたりすることは決してなかったのに」

　　「子どもを虐待するなんて、想像もできない。恐ろしい人たちに違

いないね」

「お父さんやお母さんを閉じ込めて、その部屋の鍵を投げ捨ててしまえばいい。あなたにしたことは、許されることではないんだから」

5．適切な方法で子どもと情報を共有すること

子どもに情報を理解する能力がどれだけあるのかは、その子どもの親が一番よく分かっています。養親や里親の場合、子どもたちは度々居場所が変わったり、栄養不足になったり、施設での生活経験があったり、トラウマなどによって幾分かの発達の遅れがあったりすることを理解しているはずです。

小さい子どもであっても思春期の青年であっても、彼らにとって辛い内容の時は特に注意が散漫になってしまうということを頭に置きながら、子どもが理解しやすい言葉を使って話をしましょう。

いろんなことを一度にくどくどと説明するよりは、いくつかにしぼって簡単な内容の話だけをする方が子どもにとっては飲み込みやすいものです。

6．12歳まではすべて伝えなくても大丈夫。
でも、思春期までには伝えましょう。

幼児や小学生の子どもに過去のことを全て伝えるというのはあまりにも複雑すぎます。例えば性への理解が浅い子どもに売春について説明するのは適切ではないし、勧められるものでもありません。

子どもの発達段階に応じて、育ってきた自分の過去についての情報を少しずつ加えながら学んでいく方が子どもにとっては良い場合もあります。

親は子どもの発達レベルを理解しています。子どもに過去のことを詳しく話す年齢やタイミングに正解はありません。これを決めるのは子ど

もの発達のレベルと理解する力によりますので、養親は子どもそれぞれの状況をよく考えて、どんな内容をどこまで話すのが良いのかを決める必要があります。

10代の青年にもなると、発達が遅れていない限り、ほとんどの子どもたちは自分の過去を捉え理解する能力や知識をもっています。「思春期の養子たちに何を伝えるの？」という質問への答えは、「すべて伝える」と言っても過言ではありません。

養子は自分に関する情報、すなわち自分の過去の歴史、言い換えれば自分の物語について、知る権利があるのです。

しかし大抵の青年は、大人から告げられることはほとんど信用できないと思っています。大人からのメッセージ、とりわけ自分の親から聴くことはまず疑ってかかるというのが、思春期の子どもによく見られる姿勢なのです。

だからどんな理由であれ、もし子ども時代に養親から全ての物語を話していないのなら、何かと議論したがったり、反抗的になったりする思春期に入る前に、養親と子どもが情報を共有する方が良いでしょう。

7. 告知をする代わりに
   質問を考えてみてはどうでしょう

養子縁組や生みの家族についての話題を持ち出す時、情報を共有するよりもまず子どもに質問をしてみることは良いきっかけになるでしょう。

子どもが覚えていること、不思議に思っていること、悩んでいること、あるいは空想していることなどを尋ねると、子どもが今どんな風に考えているのかを知る機会になります。

たとえば、会話の糸口として、次のようなものが考えられます。

「生みの家族と一緒だった時のこと、何か覚えてる？」

「生みの両親（あるいはきょうだい）のことで何か聞きたいことと

　　か悩んでいることはある？」

　「〝どうやって私たちと家族になったか〟とか、養子縁組のことで気
　　になっていることはある？」

　「あなたももう大きくなったから、どうやってこの家に来たのかと
　　か、生みの親のことで聞きたいことがきっとあると思うわ。その
　　ことについて話したい？」

8. 何度も繰り返すこと

　養子縁組や生みの家族の歴史についての会話は「一度話したら終わり」
というものではありません。

　子どもが成長するにつれて、付随するいろんな質問や話題を繰り返す
のが良いと思います。

　養子縁組の全体像を理解するために、思春期に入るはじめの頃までに
は何度も話し合いが行われます。しかし、まだ子どもが理解できないよ
うな言葉や概念を養親が使っていると、子どもは色々なことを誤解して
いるかもしれません。

　特に子どもは関心の高いことに惹かれて情報の一面だけにとらわれ、
重要なメッセージを聴き逃しているかもしれないのです。

　本来ならばきちんと説明されるべき新たな悩みや不安を言わずに抱え
込んでしまっている可能性もあります。会話の中で事実が伝わってしまっ
た場合は、次の会話までに子どもが気持ちを表現できる機会が必要です。

　養親が、「子どもに辛い話を聞かせるのはもう耐えられないと感じて養
子縁組の話を避けたいと思っている」としても、養子縁組については、
子どもが成熟していくにつれて話をしていくべきだと思います。

　心理学者のダヴィッド・ブロンズキーは「最後に養子縁組の話をした
のはいつだったか、思い出せない程前のことなら、今がもう一度養子縁
組の話をするタイミングです」と述べています。

9. 養子縁組について子どもに話す時は、過度に肯定的あるいは否定的に描かず、両方の面を伝えること

　子どもの自尊感情を考えるあまり、生みの親や引き離された状況について「それならなぜ一緒に暮らせなかったのだろう」と子どもが不思議に思う程楽観的に説明をする養親がいます。

　そんな話を聞いた子どもたちは、生みの親はいい人なのに、何かの間違いで自分を拒否したり、手放したりしたのだと捉えるかもしれません。

　里親として養育していた子どもと養子縁組をした親は、ソーシャルワーカーから多くの否定的な情報を得ていることがあります。里親や養親が虐待をした親について否定的な感情を持っているとしても、それはごく当然のことです。

　ただ、里親や養親は、ケース記録、特に裁判所によって不本意に親権を剥奪された親の状況の記録というものは、生みの親の否定的な面に焦点が当てられているということを覚えておくといいでしょう。

　どんな親にも肯定的な面と否定的な面の両方があり、子どもがそのどちらの面も理解できるように支援される方がいいと思います。

　年長になって養子縁組をした子どもたちは、虐待された時のことも覚えていますが、親が優しく世話をしてくれたり、一緒に遊んだりした時のことも覚えているのです。

　セラピストや養親が、生みの親が優しかった頃のことを無視して触れずにひどい時のことばかりを話すと、子どもは困惑するかもしれません。肯定的な面と否定的な面の両方の様子や記憶を理解して、自分の生みの親は親なりに、限られた社会資源の中で一生懸命やっていたのだということを子どもが理解できるようにしてやるべきです。

　そしてそれだけでなく、生みの家族から離れた子どもはみんな、安全で、自分たちのニーズが一貫して満たされる永久的な家庭を持つ権利がある

のだということも子どもにしっかり伝える必要があります。

10. 生みの家族に関する情報が否定的なものなら、
　　専門家などの第三者に相談してみること

　生みの家族についての極端に否定的な情報を養親が子どもと共有することは避けるよう気を付けなければなりません。

　養親は特に否定的な情報を子どもに伝える時のために、養子縁組後の相談に乗ってくれる専門家や、養子縁組の繊細な課題に精通したカウンセラー、あっせん機関のソーシャルワーカーなどに相談する方法を探し出しておいてはどうでしょうか。

　情報の内容によっては養親が直接子どもに伝えない方がよい場合があります。

　多くの養親は、難しい内容の情報を子どもに伝えるために、いつ、どんな人に相談すれば良いのか気掛かりに思っています。

　もしあなたが、その情報が大変否定的で「自分から子どもに話すのは嫌だな」と感じるのなら、その時が専門職の人たちに話をしてみる時です。特に難しい情報を第三者から子どもに伝えてもらおうと決心したなら、相談する専門職は誰にするのか、十分注意して決めなければなりません。

　カウンセラーの全員が養親家庭の支援に経験があるとは限らないし、機関のワーカーの中には子どもや養親のニーズに鈍感な人もいるからです。

　子どもが生みの親について話し合ったとき急に不愉快な思いをするのを避けるため、養親は先にカウンセラーに会って話をしておくのが賢明でしょう。

　子どもの生育歴について子どもと専門職が話し合うのはいいのですが、それで全てOKというわけにはいきません。

　養親が面接に同席した方が良い理由は3つあります。

第一に、面接で子どもに難しい話をしているとき、養親は情緒面で子どもをサポートする必要があります。

　第二に、子どもが細かいことを忘れてしまったり誤解してしまったりすることがあるかもしれないので、それを覚えておくためです。子どもの許可を得て、話の内容をテープに録音しておくのも良いかもしれません。

　子どもは成長の段階でそれぞれ異なる情報を耳にするでしょうし、録音しておけば成人する頃にもう一度その面接を聞き直してみることができるでしょう。

　第三に、たとえ子どもの生育歴について最悪のことを聞いたとしても、面接中や面接後に「どんなことがあってもあなたを愛している」ということを子どもに伝えるためです。同席していることは、子どもへの愛や大切な想い、養親の献身的な姿勢などの力強いメッセージを送ることになります。

11. 養子縁組の痛みを治そうとしないこと

　どの養親も当然ながら子どもを痛みから守ってやろうとします。しかし子どもが養子縁組に関する心の痛みを癒していくときには、その癒しのプロセスで同時にさまざまな痛みを経験しているのだということを、養親は念頭に置いておかなくてはなりません。

　その痛みを克服する方法は「やり過ごしてしまう」ことただ1つなのです。

　養親は「生みの親から別れることで起こった子どもの痛みや悲しみは全て消し去ってしまうことができる」という風には考えない方が良いでしょう。

　深刻な問題、特に喪失について誰かに話すときは、しっかり耳を傾けること、優しく肩を寄せること、理解しようとする態度が子どもにとっ

て大変助けになります。

　子どもの痛みを取ってやろうと一生懸命になることが、かえって子どもの本当の感情を取り去って隠してしまうことになることがあります。

　痛みを抱えているとき、子どもは必ずしも説明を求めている訳ではないし、何があったのか合理的な理由を知りたいと思っている訳でもありません。

　子どもたちはただ、自分の痛みを理解してくれる誰かにそばにいて欲しいだけなのです。

　養子縁組あっせん機関の代表であるベス・ホールは、「生みの親が子どもに名前をつけることの大切さ」について学校で話を聞いてきた娘の経験をこんな風に述べています。

> 　7歳の子どもが養母にこう言いました。「私の生みのお母さんは、本当は私を愛していなかったんだわ。だって、私に名前をつけてくれなかったんだもの。お母さんに名前をつけて欲しかったのに」
>
> 　養母は、娘の悲しみを修正したり解釈したりしようとはせず「授業でそんな話を聞いてどんなに辛かったことでしょうね。想像もできないわ」とただ一生懸命に娘の話を聞きました。
>
> 　養母は生みの母親が名前をつけるのを避けた理由（もし名前をつけたら子どもの養子縁組への同意のサインをするのがもっと辛くなってしまうかもしれないということ）については娘に話しませんでした。
>
> 　養母はまた、「でもあなたは今私たちの家族だし、あなたに名前もつけたわ。あなたの生みのお母さんがあなたの名前をつけなかったことなんて、どうってことないのよ」と伝え、娘の気持ちを無視したり、そのことから注意をそらしたりして子どもの痛みを消してしまおうとはしませんでした。心の痛みを癒す最も良い方法は、自分

を理解し、気持ちを受け入れてくれる人の気遣いによる支えなのです。

12. 子どもが養子縁組について話すのを嫌がったときは、別の機会にもう一度話し合う機会をもってみること

　一般的に幼い子どもたちは、養子縁組についてのお話を聞くのが好きです。子どもたちは夢中になって自分自身の物語を聞きます。しかしながら、子どもたちは成長し内容を理解していくにつれて、生みの親と養親の両方に対する自身の気持ちに困惑すると同時に、悲しみや喪失の痛みに気付き、養子について話し合うことに抵抗するようになります。

　子どもが「養子縁組の話は聞きたくないよ。やめてくれない？」と言い続けるのを不思議に思うかも知れません。養子縁組について知りたいという子どもの気持ちは尊重されなければなりませんが、もし話し合うことが出来るとしても、気が向かない子どもと有意義な話をすることはとっても難しいことでしょう。

　「しんどい状況なのに頑張っているのを誇りに思うわ。生みのお母さんも、きっと誇りに思っていることでしょうね」とか「今日は私たち家族にとって楽しい記念日よ。あなたが家族の一員になった記念日なんだから」など、時折養子縁組や生みの家族のことを話題に持ち出すと、「養子縁組について話したい時にはいつでも話していいのだ」というメッセージになります。

　養子縁組については、面と向かって改まってではなく、目を合わさなくても自然に会話ができるような状況の中でコミュニケーションをとる方が結構うまくいくという声が多く聞かれます。車でドライブをしている時などは、繊細な話題を持ちかけるのに絶好のタイミングです。プールで遊んでいる時、子どもの髪を編んでいる時、散歩している時なども良いでしょう。

　養子の中には「親は分かろうとしないし、僕がどれほど生みの家族のことを思っているかを知ったなら、きっと養親は傷つくだろう。だから親とは養子縁組の話をしないんだ」と決めている子どももいます。

　もし子どもが養子の話を避け続けているなら、同じぐらいの年齢の養子たちのグループに参加することは何か良いきっかけになるかもしれません。もし、そんな養子縁組後の子どもたちのグループが地域になければ、生みの親から離れて暮らす子どもたちと出会う機会を、里親会や養子縁組の会で尋ねてみるといいでしょう。

13. 子どもに関する情報に対して、養親の価値判断を押しつけないこと

　子どもの生育歴は養親やソーシャルワーカーにとっては大変否定的で恐ろしいものに感じるかもしれませんが、子どもは全く違う受け止め方をすることがあります。

　先に述べたように、子どもの生育歴の情報は決して変えられてはいけませんし、年長になった子どもには情報を省かず大事なことをきちんと伝えなければなりません。価値を上塗りして情報を曲げたり勝手に判断したりしないで、事実をありのまま伝えることです。

　子どもの生みの家族に対する感情や記憶は、いろんな経験などを通して見方が変わる可能性があります。

　生みの家族に対して肯定的な感情を持つことが必要になると、自分の見方を脚色してしまいます。もしその時、養親から事実が否定的に、あるいは審判的に伝えられると、子どもは自分の生みの家族や自分の出生、そして自分自身を拒否されたのだと解釈してしまうことがあります。

　私たちに生みの親を審判する権利はありません。私たちは子どもたちの過去を審判したり非難したりするのではなく、事実だけを見て理解すればいいのです。

子どもたちもこれと同じようなことが出来るように育つ必要があります。つまり「審判するのではなく理解する」という姿勢を、子どもたちの最も大切な人である養親からモデルとして示されなければなりません。

　この「審判ではなく理解する」という姿勢は多くの養親の心を楽にするでしょう。

　大変否定的だと思える子どもの情報を、正しい時に正しい方法で子どもに伝えなければいけないと考えている養親は多いからです。でも子どもは養親から事実を伝えられた時に、その事実を全て否定的に捉えるとは限りません。

　キャメロンは、自分はレイプの結果生まれたのではないかと想像していました。彼は生後6ヶ月の時にデビーとジョン夫妻のもとに委託されましたが、養子縁組については一度も知らされていませんでした。

　10代になる頃彼が自分の出生について好奇心を持ち始めたので、養親は彼の生みの父親がレイプ犯であることを知らなくて済むようにしてやりたいと考えました。しかし嘘はつきたくなかったので、養親はキャメロンに「お母さんはあなたを育てられなかった」とだけ簡単に話しました。するとキャメロンは、母親は自分を拒否して、育てるのをたまらなく嫌がった恐ろしい人間なのだと勝手に解釈したのです。

　その後出生と養子縁組にまつわる事実をきちんと彼に知らせると、「母親が売春婦でなくて良かった」とほっとした表情を見せました。母親はレイプされたという事実を拒否したのであって、自分を拒否したのではなかったということが分かったのです。彼の一方的な思い込みの想像が、事実よりももっと悪い物語を作り出していたのでした。

14. 家族以外に話をするときは内容を制限することを教える

「子どもの歴史は養親のものではなく子どものものである」ということを忘れないでください。

もし友達や親戚が養子縁組について尋ねてきたら、それに関する情報は子どものものであるということを簡単に伝えましょう。

子どもたちがその質問の意味を十分に理解できるように成長したら、子どもたちに尋ねることも出来ます。子どもの暮らしについて詳しいことをいつ、だれに、どこまで話すのかということは養親が決めるべきではありませんが、子どもたちが、近所の人、学校の友達や先生、親戚、他の友人や知人に養子縁組について気持ちよく話せるように話の内容、伝え方などについて手助けをしてやるのは良いと思います。

こういった時に話す簡単な概要は、子どもがまだほんの小さい頃、彼らに養子縁組について話す時の内容に似ています。

自分たちのことを知っている人に与える情報を選択するのは、他人に生育歴を全て詳しく話す必要はないからだということを子どもに教えてください。

時には養子縁組についてよく分からない人が繊細なことについて質問をしたり、的外れなことを言ったりすることがあるということも話しておきましょう。

> リズ・クラントンと韓国から養子としてきた7歳のペーター、5歳のケイティは、レストランで静かに食事を楽しんでいました。
>
> そこへ一人の婦人が近寄ってきて、リズに「なんてかわいいお子さんだこと」と言いました。
>
> そして今度はペーターの方を向いて「お母さんはどうしてあなたを手放したの？」と尋ねました。リズはいつかこんなことが起こるだろうと、子どもたちがこうした困った質問に答えられるよう準備

をしていました。

　ペーターは質問をした婦人に向かって丁寧に「そのことについては家でしか話さないことにしています」と、準備していた通りに答えました。

　子どもがそういった質問に上手く受け答えをするために役立つ2つの要点を挙げておきます。

　① 尋ねられそうな質問や起こり得る状況について話し合っておく

　ペーターやケイティのケースのように、好奇心のある人たちがショッピングモールやレストラン、近所の友達、初めて学校や教会に行った時などに問いかけてくることがあります。

　② どんな情報なら伝えてもいいのかを話し合っておく

　子どもにとっては、何を話してもいいのか、何を話すべきではないのかを判断するのは難しい課題です。子どもは質問に対して、名前、出身、委託された日などの基本的な返答をするよう決めておくと良いでしょう。

　子どもには、全員に何でも話す義務はないということ、他人が尊重するべき個人の境界線があるということを知らせることが重要です。

15. 子どもは親が考えているよりもたくさんのことを知っている

　家族の他の誰かに子どもの生育歴の難しい部分を話すとしても、また今度話しやすい時に……と考える養親もいます。でも、そういった内容を話す「ちょうど良いタイミング」というのはなかなかありません。

　学校が始まってしまった、犬が逃げ出した、仲のいい友達とけんかをしてしまった……など、子どもに話す時期を探してタイミングを逃しているうちに、他の誰かが喋ってしまうこともあるのです。

　家族以外の誰かが子どもに情報を話すとすると、本来なら子どもが肯定的にアイデンティティを形成するために得られた親からのサポートを

受けることが出来なくなります。また口伝えのために、運悪く正確な情報ではなくなってしまうこともあります。

16歳のジョーダンは幼い頃、養親に迎えられました。その家庭には2人の実子の姉がいました。彼の生みの母親は重い精神疾患があり、その母親によれば父親はアフリカ系だということでした。養子縁組あっせん機関のソーシャルワーカーは養親に「実際にはそんな風に見えないけれど、もしかすると赤ちゃんは混血かもしれない」と告げていました。同時に、母親は精神的に不安定だったので、その情報は信頼できないとも伝えられました。

養親はジョーダンの人種の背景について彼にどう話したらいいのか分からず、自分たちのジレンマについて本人ではなく2人の姉に話をしていました。

ジョーダンと養親が養子縁組後の支援グループに参加したとき、養親が養子縁組あっせん機関から聞いていること、すなわち、生みの母親のこと、父親がアフリカ系であるかもしれないということなどを彼に話すよう助言を受けました。

しかし養親が話したとき、ジョーダンは「そのことはずっと前から知っていたよ。お姉さんたちが全部話してくれていたから」と言いました。

養親がどの情報を子どもと共有しようかと悩んでいる間に、姉たちが養親の代わりに話をしていたのです。でもこれは、告知の問題にうまく対処できたということではありません。養親はジョーダンが人種についていつか尋ねてくるだろうと思っていましたが、彼はこれまで一度も尋ねてきませんでした。彼は、本来なら受けられるはずであった養親からの支援や説明がないまま、アイデンティティの問題に一人で苦しんでいたのでした。

▼ まとめ

「オープンなコミュニケーションを持ち続けること」は養親家庭にとってとても大事なことです。ここに見たような告知の原則は、子どもが健全な自我を育て、誠実で健康な家族関係を作り上げるのにも役に立つでしょう。

真実告知ハンドブック　改訂版
里親・養親が子どもに話すために

発刊日	2023 年 11 月 10 日
編著者	公益社団法人家庭養護促進協会 ©
発行人	公益社団法人家庭養護促進協会
発　売	株式会社エピック
	651 − 0093　神戸市中央区二宮町 1 − 3 − 2
	電話 078 (241) 7561　FAX078 (241) 1918
	https://epic.jp　E-mail info@epic.jp
印刷所	モリモト印刷株式会社

©2023　Association for Advancement of Family Care.Inc
　　　　Printed in Japan

ISBN978-4-89985-230-8　C3036　¥1000E

※出版に際して一般財団法人東洋財団から助成をいただきました。

愛の手運動とは

親の病気、行方不明、離婚、虐待などさまざまな理由で親と暮らせない子どもたちを、地域の一般の家庭で共に育てていくことをすすめていくのが里親制度です。

愛の手運動は昭和37年より神戸で、昭和39年より大阪で新聞社、放送局、さらに多くの一般の方々の協力を得て始まった、子どもたちに里親を求める運動です。

愛の手運動の推進母体が「公益社団法人 家庭養護促進協会」で、兵庫県、大阪府下を中心に活動を続けています。

★ このような里親家庭を求めています ★★★★★★★★

養育里親
親が育てられるようになるまでの一定期間、あるいは18歳（場合によっては20歳）になるまで要保護児童を育てる里親

養子縁組里親
養子縁組によって養親となることを希望する里親

専門里親
2年以内の期間を定めて、虐待を受けた児童等を養育する里親

親族里親
要保護児童の親族が養育する里親

週末里親
月に1～2回程度週末に子どもたちを家庭に迎え一緒に生活をする里親

季節里親
夏休みやお正月の一週間前後、施設から家庭に帰省ができない子どもたちを家庭に迎える里親

※それぞれの里親には要件があり、都道府県知事・指定都市市長の認定が必要。

※里親として養育期間中は、国から養育費その他の費用が支払われます。
（季節里親・週末里親を除く）

里親についての問い合わせは家庭養護促進協会または児童相談所へ

公益社団法人
家庭養護
促進協会

神戸事務所　〒650-0016　神戸市中央区橘通3丁目4の1
神戸市立総合福祉センター2階
TEL(078)341-5046　FAX(078)341-1096
https://ainote-kobe.org
E-mail：ainote@kjd.biglobe.ne.jp

あかし里親センター　〒674-0068　明石市大久保町ゆりのき通1-4-7
あかし保健所1階　TEL(078)935-9720

大阪事務所　〒543-0021　大阪市天王寺区東高津町12-10
大阪市立社会福祉センター210号室　TEL(06)6762-5239